テキストカウンセリング入門

文字の
やり取りによる
心理支援

杉原保史・原田 陸・長村明子／編

誠信書房

まえがき

　テキストカウンセリングとは，メールや手紙など，まとまった文章を継時的に（非同時的に）やり取りするカウンセリングのことです。「メールカウンセリング」という言い方のほうが分かりやすいのかもしれませんが，通信のセキュリティを高めるため，メールではなくウェブ上のシステムを用いてやり取りする場合も増えていることから，本書ではテキストカウンセリングという言葉を用いています。

　SNSカウンセリングなどチャットによる同時的なカウンセリングも，広い意味ではテキストカウンセリングです。そして，本書の内容はかなりの部分，チャットによるカウンセリングにも当てはまるものだと思います。とはいえ，本書が主に焦点づけているのは，チャットのような短い文章の同時的なやり取りではなく，まとまった文章の継時的なやり取りです。

　テキストカウンセリングのなかでもメールによるカウンセリングは，実のところ，現在，日本において最も幅広くなされている遠隔の心理支援ではないでしょうか。こう言うと，そんなはずはない，自分の周りでメールカウンセリングをしている人など聞いたことがない，と思われる方が多いかもしれません。確かに「メールカウンセリング」と銘打ったカウンセリングは，決してメジャーなものではありません。しかし，メールのやり取りによる心理支援は，公式にはメールカウンセリングと銘打たれていない状況で，大量に自然発生しています。

　心理支援を提供している相談機関では，クライエントとの主な連絡手段としてメールが用いられていることが多いでしょう。その場合のメールによる通信は，本来，キャンセルや時間変更などの事務的な連絡のみを目的としたものかもしれません。しかし，そうしたメールの窓口にも，事務連絡にはとどまらない多様な訴えが寄せられます。最近の心身の調子を知らせてくる人，直近のつらい体験を生々しく伝えてくる人，死にたい気持ちを伝えてく

る人などがいるでしょう。それに対して何らかの返信を書かないわけにはいかないことも多いでしょう。結果的に何往復かのメールのやり取りになることも出てくるはずです。こうしたメールのやり取りは，事実上，すでに立派なテキストカウンセリングだと言えるものです。

　そのように考えると，テキストカウンセリングは，現在の日本で最も普及した遠隔心理支援だと言えるのではないかと思います。

　心理支援の専門家の間で遠隔心理支援についての理解は広がりつつあり，実践する人も増えてきています。とはいえ，その場合の遠隔心理支援というのは，たいていビデオ通話による心理支援のことであり，テキストによる心理支援についてはまったく視野に入れられていないことが多いようです。しかしながら，上に述べたように，意図していようといまいと，メールによる事実上の遠隔心理支援は至るところで自然発生しているのが現実です。

　こうした現実にもかかわらず，テキストカウンセリングについて論じた書籍は非常に少ないです。そのようななかで，事務連絡を超えたクライエントからのメールにどのように返信したらよいものか，日々，頭を悩ませているカウンセラーは多いのではないでしょうか。

　もちろん，テキストカウンセリングの強みに気づき，テキストカウンセリングをひとつの相談方法として明確に掲げている相談機関もあります。そのような形で専門的にテキストカウンセリングを実践しているカウンセラーにとっても，自分の実践を振り返って検討する際に参照すべき書籍が非常に少ない現状は，とても心許ないことであろうと思います。

　現在の心理支援の専門家の間で，テキストによる心理的な支援への注目度は不当なまでに低いと私には思えます。この注目度の低さは，それ自体が注目に値します。おそらく，テキストによる支援でできることには限界があると見なされ，軽く扱われているのでしょう。もちろん，テキストによる心理支援には限界があります。しかし，それと同時に，可能性もあります。心に苦悩を抱えている人のなかには，テキストによってしか関わりが持てない人がいるのも事実です。たとえ限界があっても，だからといって苦悩を訴えた

メールに返信しないわけにはいかない場合も多いでしょう。

　繰り返しになりますが，実際には，現場のカウンセラーはテキストによる心理支援をすでに日常的に実践しているのです。そうであるならば，テキストによる支援の質をどう高めていけるかを，専門的な視点から検討することが必要ではないでしょうか。実践を振り返って検討するための視点を得ることが必要ではないでしょうか。なぜそこには関心を持たないのでしょうか。なぜテキストで支援を求める人を遠ざけ続けるのでしょうか。テキストではどうせ何もできないとか，テキストで関わるのは危険だとか，それらしい理由をつけて専門家の側が最初からテキストカウンセリングをあきらめる理由は何なのでしょうか。

　本書はこうした問題意識を背景に企画されました。本書は，テキストによるカウンセリングの特徴を解説し，その強みを理解して積極的に活用できるよう，読者を助けることを目指しています。実践を振り返って検討するための視点を提供し，テキストで支援する際にカウンセラーにできる実践上の工夫を示しています。

　理論編では，文字によるコミュニケーションの治療的意義，話し言葉（声ことば）と書き言葉（文字ことば）の違い，カウンセリングにおける文章表現の工夫，テキストによるカウンセリングの基本プロセスなどを論じています。事例編では，6つの事例を紹介し，それぞれ1往復のやり取りを具体的に示し，解説しています。

　本書は，編者の一人の杉原が，株式会社 cotree 主催の研修会をお引き受けしたご縁から生まれました。cotree は，日本において早くからオンライン・カウンセリングを提供してきた草分け的な企業であり，もちろんテキストによるカウンセリングも提供しています。テキストカウンセリングの経験が豊かなカウンセラーが多数在籍しており，豊富な経験知の蓄積があります。本書は，カウンセラーの言葉の技術についての杉原の学術的な知見と，多様なクライエントとのテキストカウンセリングの経験を積んできた，cotree の現場のカウンセラーの経験知との出会いによって生み出されました。

　現在の心理支援専門家の世界では，アカデミックな知と現場の知との間の

相互交流があまりうまく機能しておらず，アカデミックな知が現場にもたらされる一方通行になりがちであるように私には思えます。もっと現場の知を尊重し，現場の知から学ぶことが必要だと思います。現場における実践知の発信がもっと増えていいと思います。テキストカウンセリングのように，これまであまり学術的に検討されてきていない未開拓の領域では，特にそうでしょう。現場における実践にしっかりと足場を築いて臨床的考察を深めていくことが大事なのです。

　本書においては現場のカウンセラーの普段どおりの実践がありのままに提示されています。皆さんはこれらの実践に触れて，どのように感じ，考えるでしょうか。皆さんの反応がどんなものであれ，ありのままの実践を踏まえることなくしては，意味のある議論を始めることさえできないでしょう。こうした実践の共有こそが，テキストカウンセリングの今後の発展の堅実な基礎となるのです。

　なお，本書に提示された事例は，実践経験に基づきつつ創作された架空事例であることをここでお断りしておきます。

　ちょうど本書の執筆中に，ChatGPT や BingAI などの生成 AI が登場し，注目を集めるようになりました。こうした生成 AI は，文字による心理支援に間違いなく大きな影響を及ぼします。すでにその影響は現れつつあり，今後は一層顕著になっていくでしょう。目覚ましい発展を遂げるテクノロジーは，心理支援の形をどんどん変えていきます。しかし，それでもなお，心理支援の本質に変わりはありません。支援の提供主体が人であろうと AI であろうと，本書が心理支援に携わる皆さんの日々の実践の助けとなり，テキストで助けを求めるクライエントへの支援に少しでも役立つなら，それに代わる喜びはありません。

　　2023年初夏

編者を代表して

杉原 保史

目　次

第Ⅱ部　事例編

Case A　パワハラと見なされた悔しさ
　　　　──60代男性，会社員 ─────────── *90*

第Ⅰ部　理論編

　第Ⅰ部では,「テキストカウンセリング」, すなわち文字による非同時のカウンセリングを理論的に考察する。

　第Ⅰ部は3つの章から成り, それぞれ異なった視点から「テキストカウンセリング」について論じている。

Chapter 1

テキストカウンセリングとは

［杉原保史］

1. テキストカウンセリングとは

　テキストカウンセリングとは，文字によるコミュニケーションを用いたカウンセリングのことである。文章のやり取りによるカウンセリングと言ってもよい。

　文字によるコミュニケーションと言えば，数十年前までは手紙であった。情報通信技術が普及した現代では，手紙に代わってメールやチャットが文字によるコミュニケーションの主流となっている。手紙，メール，チャット，これらのいずれのコミュニケーション方法を用いるにせよ，悩みや苦しみを緩和することを目的として，文字による対話に取り組むのが，テキストカウンセリングである。

　19世紀末に精神分析を創始したフロイトは，フリースという医師との手紙のやり取りで，事実上のカウンセリング体験をしていたと言われている。フロイトはフリースに宛てた手紙の中でとても率直に自らを語り，やり取りを重ねながら自己への気づきを深めていった（Masson, 1985/2001）。フロイトとフリースの文通は，テキストカウンセリングの意義を示す，貴重な例だと言えるだろう。

　一般に，カウンセリングは，面接室でクライエントとカウンセラーとが対面して行うものだと思われている。それが最も基本的な実践のスタイルであることは間違いない。ただし，それは唯一絶対のものではないし，唯一最強のものでもないということを認識しておく必要があろう。クライエントによっては，またクライエントが解決したいと望んでいる問題によっては，面

接室において対面で話すよりも，文字によってやり取りするほうが効果的なこともありうる。

　本章においては，まずテキストカウンセリングを，文字によるコミュニケーションという観点から理論的に掘り下げて検討する。その後，テキストカウンセリングの基本的な特徴や技術的問題について検討する。

2. 文字によるコミュニケーション

(1) 人間と言葉

　テキストカウンセリングについての理解を深めるために，原点に立ち返り，非常に基本的なところから考えてみよう。人間にとっての文字について，人間の文化や文明の発展にとっての文字の役割について，考えてみることにしよう。

　人間は言葉を使って高度なコミュニケーションを行う。それは，他の生物と人間とを区別する重要な特徴である。言葉によるコミュニケーションによって，人間は，優れた人が発明した優れた技術を，地域や世代を超えて引き継ぐことができる。自分自身は行ったことのない場所や，直接には見ていない出来事についての知識を得て，そうした知識をもとに行動できる。ルールや計画を定めて共有することで，秩序をもって集団で行動できる。

　こうしたことは，話し言葉によっても可能であるが，話し言葉は瞬間，瞬間に消えてしまうものであるから，それを残しておくことが非常に難しい。文字がなかった時代には，言葉の内容を残し，次世代に伝えるには，人の記憶力に頼るしかなかったのである。文字ができたこと，さらにはそれを紙に書いて人に渡したり，保存したりできるようになったことで，言葉の持つ力はさらに高まった。文字を持つことによって，言葉はより確実に地域や世代を超えて広く長く共有されるようになった。それだけでなく，文字を持つことによって，人の抽象的な思考力も飛躍的に高まった。文字がなければ，数学が発展することはなかっただろう。他の学問も，ひいてはあらゆる文明も，現在に至るような発展を遂げることはなかっただろう。

　ここで，話し言葉と文字の歴史を簡単に見ておこう。

(2) 言葉と文字の歴史

　諸説あるが，現在，有力な説によれば，現生人類はおおよそ20万年ほど前に地球上に登場したらしい。言葉を用いるようになったのは，10万年ほど前からではないかと推測されている。さまざまな根拠から，5万年前には確実に言葉を使っていただろうと考えられている。もちろん，これは話し言葉のことである。

　最初の体系的な文字は，紀元前約4000年頃に登場した。その頃は，粘土に刻んだり，石に刻んだり，木の板に書いたりしていたわけである。紙が発明されて普及するまでは，文字で書かれたものを人と共有することは簡単ではなかった。紙が発明されたのは，紀元前 2 世紀頃，中国でのことであった。

　紙が発明されて普及しても，当時は手書きであるから，多くの人に読んでもらったり，広域に情報を伝えたりするには大変な労力が必要であった。書かれたものを多くの部数，正確に複製するには，印刷技術の登場を待たねばならなかった。その印刷技術は，1450年頃にドイツで発明された。

　このように，人類20万年の歴史を振り返ってみると，言葉がなかったであろう時代が非常に長く，その後，話し言葉が発生して広がったものの，なお文字は存在しなかった時代が長く続いたことが分かる。文字が発明されてから，せいぜいまだ6,000年ぐらいしか経っていない。しかもその6,000年の大半においては，文字を用いていたのはごく少数の特別な人たちにすぎなかったのである。多くの普通の人たちが日常的に文字を使ってコミュニケーションをするようになったのは，人類の歴史上，本当にごくごく最近のことなのである。

　文字が普及したことで，文明は加速度的に発展していった。科学技術も，学問も文化も，政治や行政のシステムも，経済や産業も，文字の登場とともに急激な進歩を遂げた。

(3) 文字は人間の意識構造を変化させた

　私たちはあまりにも文字に書かれた言葉に馴染んでいるので，もはや言葉が話し言葉だけであった時代の人間や社会のあり方を，想像すらできなくなっている。その結果，文字がない時代の人間や社会を，ただ文字がないという以外，私たち自身や私たちの社会と特に変わらないものと考えてしまいがちである。しかしながら，豊富な資料に基づいたオング（Ong, 1982/1991）の研究によれば，文字を持たない文化，すなわち「一次的な声の文化」は，私たちの文化とはかなり異なっていたものと推測される。どうやら文字の使用は，人の意識構造に大きな影響を及ぼし，人の心や社会をかなり深いところから変化させてきたようなのである。

　オングの著書の中でも紹介されている心理学者ルリヤ（1974/1976）の研究は，私たちがそのことを理解する手がかりを与えてくれる。ルリヤは1931〜32年にかけて，ウズベク共和国とキルギス共和国の奥地で，読み書きがまったくできない人たちと，多少なりとも読み書きができる人たちを対象に，調査を行った。その調査は，読み書きができない人たちとできる人たちの思考のあり方には，明確な違いがあることを示している。

　たとえば，この調査で参加者は，「かなづち」「のこぎり」「丸太」「手斧」の４つのアイテムが描かれた絵を見せられた。そして「この４つの中で，互いに似ているか，１つのグループに属するか，ひっくるめて１つの一般的な言葉で言い表せるようなものがあれば，１つにまとめるように」と言われた。多少なりとも読み書きができる人は，かなづち，のこぎり，手斧を道具としてまとめた。一方，読み書きができないある農夫は，「みんな似ている。木を切るのにはのこぎりが必要だし，切り割るには手斧がいるし，みんな必要なんだ」と答えている。調査者から３つは道具としてまとめられると言われても，理解できなかった。農夫は「そうだね。でも道具があるとしても木材は必要だよ。それがなくちゃ何にも建てられないからな」と，調査者に言い返している。

　文字で書くことを身につけると，その人の思考のあり方は，より抽象的で

分析的になるのである。

　また，文字で書くことは，人を内省的にするようである。ルリヤは，調査
の参加者に自分の性格をどう捉えているかを尋ねた。そこで分かったのは，
読み書きができない人たちは，このような質問に答えることができないとい
うことである。調査者とある農夫とのやり取りを見てみよう。

　　調査者：あなたとイシマトさんとの違いはどんな点にありますか？
　　参加者：我々の間には何も違いはないよ。二人とも心があるんだから。
　　　　　　つまり我々は同じというわけだ。
　　　　　　　　　　……（略）……
　　調査者：性質の良い人もいれば悪い人もいますし，怒りっぽい人もいれ
　　　　　　ば物静かな人もいますね。あなたはどんな人間ですか？
　　参加者：自分の心の奥をどのように言えばいいんだろう？　ほかの人に
　　　　　　聞いてみてくれないかな。私のことについて話してくれるだろうか
　　　　　　ら。自分で自分自身のことについては何も言えないな。
　　調査者：あなたは自分自身のどんなところを直したい，良くしたいと
　　　　　　思っていますか？
　　参加者：私は日雇い農夫だったから状態は苦しいんだ。借金は多いし，
　　　　　　小麦はシャクスあたり18ルーブルにしかならないし，それが苦の種
　　　　　　なんだ。
　　調査者：人はさまざまです。つまり，さまざまな性格をもっています。
　　　　　　あなたはどうですか？
　　参加者：もし私にたくさんお金があったら，製品を買う。そうすれば愉
　　　　　　快なんだが。もし製品がなけりゃがっかりだな。
　　　　　　　　　　　　　　　　　（ルリヤ，1974/1976，pp.221-222）

　ルリヤの報告には，こうした例がいくつも紹介されている。自分の心をふ
り返って見つめる内省力は，とりわけカウンセリングという作業において非
常に重要なものである。カウンセラーにとっても，クライエントにとって

も，内省することはカウンセリングの中心的な作業だと言っても過言ではない。ルリヤの調査は，そうした内省力は，読み書きの訓練によってこそ開発されるものだということを示唆している。

　ちなみに，現在の心理療法やカウンセリングは，19世紀の終わり頃，ヨーロッパの都市において出現して発展してきたものである。つまり，読み書きの訓練を受けた人たち，文字文化に属する人たちの間で発展してきたものである。こうしてみると，心理療法やカウンセリングと文字との間には，実に深い関わりがあるということが理解されるだろう。

　ルリヤの調査に戻ろう。彼は調査の報告を締めくくって，以下のように述べている。

　　　｜基本的活動様式の変化，読み書きの習得，社会・歴史的実践の新しい段階への移行とともに人間の心理生活には大きな発展が生じ，それは，単にその人間の見識が広まるだけにとどまらず，活動の新しい動機を作り出し，認識過程の構造を本質的に変えてしまう」

　　　　　　　　　　　　　　　　　　　　（ルリヤ，1974/1976，p.239）

　　　「人格の自己意識も変化し，それは，社会的意識のより高次のレベルにまで達して，自分自身の動機とかふるまい，並びに内的な特質や特性を客観的，範疇的に分析する新しい可能性を獲得していく」

　　　　　　　　　　　　　　　　　　　　（ルリヤ，1974/1976，p.241）

　このルリヤの調査をはじめ，豊富な資料に基づきながら，オングは，書く技術を身につけることは，人の意識の構造を変えると論じている。

　　　「書くことを内面化した人は，書くときだけでなく話す時も，文字に書くように話す。つまり，彼らは，程度のちがいはあれ，書くことができなければけっして知らなかったような思考やことばの型にしたがって口頭の表現までも組織しているのである」　　（Ong, 1982/1991, p.123）

　しばしばカウンセリングは，対面して話すことが基本だと考えられている。つまり，書くものではなく，話すものだと考えられている。一般の人たちにそう思われているだけでなく，専門家の多くもまたそう考えている。しかし，ここで見てきたことは，カウンセリングは，実は書く訓練を経てきた人たちのためのものであり，書く訓練が浸透した社会においてこそ成立してきたものなのではないか，ということである。カウンセリングは現代において，「声の文化」を担うものと見なされているわけだが，そうだとしてもそれは「二次的な声の文化」，書くことを内面化してきた人たちの「声の文化」なのである。

　ここで見てきたことは，テキストカウンセリングの実際と必ずしも直接的に関係するわけではない。しかし，カウンセリングと文字との深い関わりを認識しておくことは，テキストカウンセリングを理解するための基礎となるものである。専門家の間でさえ，テキストによるカウンセリングが軽視されている現状においては，こうした認識は特に重要になるだろう。

(4)「声ことば」と「文字ことば」

　対面のカウンセリングや，ビデオ通話カウンセリング，電話カウンセリングでは，クライエントとカウンセラーは声を出して話すことによって対話する。テキストカウンセリングは，同じ言葉を用いた対話ではあっても，クライエントとカウンセラーは書かれた文字によって対話する。

　長年にわたって言葉の研究をしてきた梅田（2011）は，前者のように声を使って話す言葉を「声ことば」，後者のように文字にして書く言葉を「文字ことば」と呼んでいる。そして「声ことば」と「文字ことば」は，確かに大きく言えばどちらも同じ言語ではあるものの，実際にはそれぞれにかなり違った特徴や働きがあって，通常考えられている以上に違ったものだということを論じている。

　話される言葉は，声に乗って運ばれる。声は言葉にとっては乗り物のようなものだが，その声自体にも情報は含まれている。声のトーン，大きさ，テンポ，ピッチ，間，抑揚など，声によって豊かな感情が伝わる。声は相手に

対する思いや，相手との関係の性質についての情報も伝わる。親密なのか疎遠なのか，関与しているのか無関心なのか，好きなのか嫌いなのか，こうした情報は言葉の内容以上に声によって伝わる。「大好きだよ」という言葉も，冷たい声で言われたらただ形式的にそう言っているだけで，心は離れていると受け取られるだろう。

　梅田によれば，「声ことば」は感情のもつれを解きほぐす，つまり情動の面ですっきりさせる機能を果たしている。それに対して「文字ことば」は，必ずしも十分に明確に認識されることなく入ってくる情報を，意識に定着させて今後の行動や思考に利用できるようにする働きが強いものである。つまり文字ことばは，知的な整理に役立つものとされている。

　梅田は「文字ことば」について次のように述べている。

　　「文字ことばのいちばん大事な使命とはなんだろうか。私には，それはむしろ，『心を整理する』ということにあるように思われる。理路を整える，時間軸の整合性をはかる，起承転結をはっきりさせ，きっちりと因果関係の筋道をつける，など，これらはすべて，意識が喜ぶように，漠然と動いている心の内容を整えることを目標にしている行為である」

（梅田，2011，p.292）

　テキストカウンセリングは「文字ことば」を使ったカウンセリングである。梅田の見解に基づけば，テキストカウンセリングの強みは，混乱した心を見つめ，論理的に検討し，時間軸で整理し，出来事や反応の関係のあり方を理解するなどの仕方で「心を整理する」ことにあるということになるだろう。

　梅田とオングの著作を参考に，「声ことば」と「文字ことば」のそれぞれの特徴を対比しながらまとめてみると，表1-1のようになる。

　このように，「声ことば」と「文字ことば」は，同じように言語ではあってもかなり違った特徴と働きがある。とはいえ，その違いの多くは絶対的なものではない。「声ことば」では論理的な内容がまったく扱えないというわけではないし，「文字ことば」では感情がまったく扱えないというわけでもない。

表1-1　声ことばと文字ことばの比較

声ことば（話し言葉）	文字ことば（書かれた言葉）
生きて動いている	固定されている
瞬時に消えていく	とどまっている
話し手と聞き手の一体感	書き手と読み手の個人
冗長	効率的
感情移入的	論理的・分析的
文脈依存的	文脈独立的
具体的	抽象的
身体的	精神的
聴覚的	視覚的
発した後は修正できない	後から修正できる

　また，「声ことば」で言葉の無駄のない効率的な表現がないというわけではないし，「文字ことば」で冗長な表現がないというわけでもない。

　しかしなお，両者の間にはかなりの違いがあることは事実である。だから，「『声ことば』で行うカウンセリングと，『文字ことば』で行うカウンセリングは，言葉が声で伝えられるか文字で伝えられるかが違うだけで，その他の点では同じものだ」というわけにはいかない。これまで見てきたことから，「声ことば」と「文字ことば」には重要な違いがあることは確かである。テキストカウンセリングに取り組むカウンセラーは，「声ことば」によるコミュニケーションのあり方と，「文字ことば」によるコミュニケーションのあり方の違いをしっかり理解したうえで，「文字ことば」の弱みを補い，強みを活かすように工夫することが求められる。

(5)「文字ことば」ではカウンセリングはできない？

　このように，「声ことば（話し言葉）」と「文字ことば（書かれた言葉）」とは，同じ言葉ではあってもかなり違ったものである。このことはカウンセリングにおいてはどのように考えられているだろうか。

　カウンセリングはこれまで，伝統的に対面で行われることが普通であっ

た。つまり，カウンセリングはほとんど，もっぱら「声ことば」で行われてきた。本章の序盤で，精神分析を創始したフロイトが，事実上，文通によってカウンセリング体験をしていたことを紹介したが，これは非常に例外的なことであった。カウンセリングは対面が基本で，時に非対面で行われる場合でも，電話によって行われてきた。現代ではビデオ通話によって行われることも増えている。いずれにせよ，カウンセリングはほとんど，もっぱら「声ことば」で行われてきた。

　また，カウンセリングは単なる情報提供でも知的な議論でもなく，感情の交流を基本としたものである。先に，「声ことば」と「文字ことば」それぞれの特徴を示したが，そこでは「声ことば」は感情と，「文字ことば」は知性との関わりが強いことが挙げられていた。そうしたことから，カウンセリングは「声ことば」によるほうが効果的だ，という考えが導かれる。

　たとえば，アメリカの対人関係学派の精神分析家，ハリー・スタック・サリヴァンは次のように指摘している。

　　　「心理療法面接はしばしば言語的な（verbal）コミュニケーションの場
　　　だと思われているが，それは実は重大な思い違いであって，心理療法面
　　　接は何よりもまず音声的な（vocal）コミュニケーションの場なのだ」
　　　　　　　　　　　　　　　　　　　　　　　　　　（Sullivan, 1954/1986）

　サリヴァンは，対面の心理療法面接（カウンセリング）における音声の役割を，言語の役割以上に重視している。サリヴァンは，音声は，単に言葉を乗せて運ぶ「言葉の乗り物」ではなく，それ自体がメッセージなのであり，音声のやり取りには重要な治療的意味があるということを主張している。これについては私も強く同意する。しかしサリヴァンは，さらに進んで次のようにも述べている。

　　　「言語的な治療（verbal therapy）というものはない。あるのは音声的
　　　な治療（vocal therapy）だけである」　　　　（Sullivan, 1954/1986）

　ここではサリヴァンは，対面のカウンセリングにおいて，通常思われている以上に音声的な要素が重要であるというだけにとどまらず，カウンセリングにおける言語の重要性を否定してしまっている。このサリヴァンの考えに基づけば，音声を用いずに文字でやり取りするテキストカウンセリングなどあり得ない，ということになってしまうだろう。この主張は，行き過ぎた主張であると私は考える。

　実際には，音声を用いない「文字ことば」によるコミュニケーションによって，有意義な心理的な変化が生じることはある。たとえば，この後紹介するように，さまざまな研究が，本を読むことによって自学自習するセラピーに効果があることを示している。つまり，「文字ことば」によるカウンセリングが成立することは，否定できない事実なのである。

3. 伝統的なカウンセリングのなかの「書く技法」

　実は伝統的な対面のカウンセリングにおいても，書く作業を取り入れた技法は数多く存在する。こうした技法は，対面のカウンセリングのなかで用いられることが通例であるため，通常は文字によるカウンセリングとしては捉えられていない。こうした技法は厳密にはテキストカウンセリングとは言えないが，なお文字で書くことを通してカウンセリングを行うものであり，テキストカウンセリングと共通するところがある。対面のカウンセリングが可能ななかで，話すことではなく，あえて文字で書くことを通して心理的な作業を促進する技法が開発されてきたということ自体が，書く作業には話す作業とは異なる治療的効果があることを示している。

(1) 筆記表現法

　話すことによる治療は談話療法（talking cure）と呼ばれることがあるが，これに倣って，書くことによる治療は筆記療法（writing cure）と呼ばれることがある。

　筆記療法のひとつに，ペネベーカー（Pennebaker, 1989）の筆記表現法

（expressive writing）がある。筆記表現法では，ストレスフルな出来事に関して，心の奥底にある思考と感情を20〜30分程度筆記する。文法や文章の構成などにはかまわず，リラックスした心構えで，自分の思いをありのままに筆記することとされている。

　多数の実験結果がこの筆記課題の効果を示している。喘息患者の肺機能の改善，関節リウマチ患者の症状の緩和，情動的な愁訴や身体健康愁訴の低下，さまざまな患者における対人関係と社会的役割機能の向上など，広い範囲で恩恵が生じることが示唆されている。

(2) ロール・レタリング（役割交換書簡法）

　ロール・レタリングは，自分から相手へ手紙を書いたり，時には相手の立場に立って自分への手紙を書いたりする作業を通して自己理解と他者理解を深め，対人関係を改善する心理支援の手法である。この技法は，ゲシュタルト療法のエンプティ・チェアの技法をひとつの手がかりとして日本で開発された。1983年に，中等少年院の法務教官であった和田英隆による試みに端を発する。これは，エンプティ・チェアで行う作業を，手紙の形式で行うものと言えるだろう。

　たとえば，クライエントが親に対してなかなか言えないような複雑な思いを抱いているとき，それを手紙にして書くよう促す。実際に親に宛てて出すわけではなく，自分の気持ちを文字にして表現してみる作業を通して，親に対する気持ちをしっかりと体験し，意識化し，整理していくのである。あくまでそうした内面的作業を促進するために手紙を書く。場合によっては役割交換し，親になったつもりで返事を書くこともある。

　手紙の相手は親に限られるわけではなく，複雑な感情が関わっている人間関係があるなら誰でもかまわない。実在する人間である必要もなく，たとえば，心の中に棲みついていて，いつも自分を厳しく批判してくる自分の人格部分に名前をつけて，その人格部分に対する手紙を書くこともある。

　何度も手紙を書くうちに，手紙の内容が変わってくる。感情が吐き出され，自分の思いに対する気づきが深まり，心の整理ができてくる。岡本

（2012）や春口（2013）には，そうした事例が実際の手紙の文面とともに，数多く報告されている。

　ロール・レタリングもまた筆記表現法と同様，書くことを活用したカウンセリング技法である。ただし，対面の面接において，手紙を書いてみてどう感じたか，どう思ったかなどを，カウンセラーとともに振り返る作業とセットでなされるのが，標準的なやり方である。

(3) その他

　多様なカウンセリングのなかでも認知行動療法に基づくカウンセリングでは，かなりの程度，書く作業が取り入れられている。認知行動療法においては，クライエントは自分の考えや感情をシートに記録したり，記入しながら，自分の抱えている問題を分析したりする作業に取り組む。カウンセラーとの面談においても，面談と面談の間に取り組む宿題においても，書く作業がたくさん含まれている。

　森田療法においても，日記を書くことが治療作業のなかに含まれている。カウンセラーはクライエントの日記を読んで，コメントを書き込んで返す。これは日記という形をとってはいるが，文通に近いものだとも言えるだろう。

4. 自助本による介入（読書療法）

　文字を使った心理援助について考えるとき，自助本についても検討しておくことが必要であろう。現在，書店に行けば，さまざまな種類の心理的問題についての自助本を見つけることができる。自助本を購入して，自分の心理的問題に一人で取り組む人がたくさんいるのである。自助本は最も手軽なテキストカウンセリングだとも言えるだろう。

　ジェローム・フランクらは，心理療法の分野における古典的名著とされる『説得と治療』において，自助本について以下のように述べている。

　「自助本は，その程度はさまざまながら，さまざまな心理療法に共通す
る治療要素のいくつかを提供するものである。すなわち自助本は，希望
を喚起し，治療手続きの概念的枠組みを提示し，新しい情報を提供し，
学習したことを実践するよう指示を与える」

(Frank & Frank, 1991/2007, p.59)

　このようにフランクらは，自助本は心理療法の要素のいくつかを備えてお
り，一定の効果が期待されることを論じている。

　実際，数多くの研究が，不安障害やうつなどの症状を持つクライエントを
対象に，自助本による介入の効果を調べてきた。多くの研究が，自助本によ
る介入には効果があることを示している。場合によっては，その効果はカウ
ンセラーによる対面の面接の効果と変わらないことさえあることが報告され
ている（Hirai & Clum, 2006 ; Cuijpers et al., 2010）。

5.　テキストカウンセリングの特徴

　ではこれから，より実践的にテキストカウンセリングについて考えていこ
う。

　経験的に，文字によるコミュニケーションには，声によるコミュニケー
ションとは違った特徴があることが知られている。主な特徴を表1-2に示
す。文字によるコミュニケーションのこうした特徴を，テキストカウンセリ
ングとの関係で検討していこう。

表1-2　文字によるコミュニケーションの特徴

●非言語情報がない（文脈がつかみづらい）。
●抑制が弱まる（自己開示しやすい）。
●何度も読み返すことができる。
●理性的なふり返りが促進される。
●第三者に見せて説明する資料にできる。
●生活場面で対処に活かすことができる。

(1) 非言語情報がない

　当たり前のことだが，文字によるコミュニケーションには，表情や音声などの非言語情報がない。ただし，厳密に言うと，1回の発信においてどれくらいの文章量が送られるかとか，どれくらいの頻度でメッセージが発信されるかとかいった面で，言語的なコンテンツ以外の文脈的情報も伝わるので，文字によるコミュニケーションには非言語情報がまったくないというわけではない。とはいえ，非言語情報の量が非常に少ないことは確かである。

　このことは，メッセージを発しているときの発信者の感情状態が分かりづらいという制約をもたらす。声も，表情も，ジェスチャーもないので，どんな気持ちで書いているのかが分かりづらい。つまり，コミュニケーションの文脈が見えにくいということである。カウンセリングは感情を扱うものだから，これは通常，デメリットだと考えられている。しかし，このことは逆にメリットになることもある。それは，対面では言いにくいことが，文字では表現しやすくなるということである。

(2) 抑制が弱まる

　非言語情報が伝わらないということは，発信者に気楽な感じをもたらす。対面の会話においては，人は自分が何かを話しているとき，その言語的な内容だけでなく，自分が相手からどんなふうに見えているか，つまり自分がどんな顔で話しているか，どんな声で話しているか，などが気になるものである。自分の様子が相手に見えないテキストのコミュニケーションでは，そこを気にする必要がなくなるので，気楽になるのである。

　また，対面の会話では，たとえ相手が何も言わなかったとしても，相手の表情によって，自分が伝えた内容を相手がどう受け取ったかが即時的に伝わってくる。そうした非言語的な反応が即時的に返ってこないということは，やはり発信者を気楽にする。

　こうしたことの結果，恥ずかしさや戸惑いから，対面ではなかなか言いにくいことが，文字では表現しやすくなることが知られている。たとえば，恋

する学生が，毎日，相手と学校で出会うのに，恋する気持ちを伝えるのには対面で話すことを避けて手紙で伝えることがよくあるというのが，分かりやすい一例だろう。面と向かっては言えないことも，文字にすれば伝えやすくなる。この現象は抑制解除効果（disinhibition effect）と呼ばれている（Suler, 2004）。

　通常，悩みは人に気軽に打ち明けにくいからこそ深刻になっていくのであり，打ち明けやすくなることは，悩みごとの相談においては大きなメリットになる。

(3) 何度も読み返すことができる

　音声によるコミュニケーションは発されたとたん，瞬時に消えていくものだが，文字は固定されて残る。それゆえ，何度も読み返すことができる。これは文字によるコミュニケーションの大きなメリットである。

　難しい人間関係についての悩みをカウンセラーと話し合って，相手にこんなふうに言ってみたらどうだろうかとカウンセラーから提案され，確かにそういうふうに言ったらよさそうだとクライエントが思ったとしても，面接が終わったら細部を忘れているということはよくある。こういう場面で，手帳を取り出してメモするクライエントもいる。最近ではスマホを取り出してメモするクライエントもいる。正確に記録して残せることが，文字の強みである。

　テキストカウンセリングでは，すべてのやり取りが文字で残る。何度も読み返して相手のメッセージについて考えたり，相手のメッセージが呼び起こす感情をじっくり味わったりできる。そうして繰り返し読んで考えたり味わったりすることで，コミュニケーションは濃いものになる。クライエントによっては，つらくなったらそのたびに，以前にもらったメッセージを読み返して自分を元気づけている人もいる。

　また，手紙では自分が送った内容は手元に残らないが，メールなどであれば自分が送ったメッセージも読み返すことできる。これは記録としても役立つものである。以前に自分が書いたメールを読んで，今の自分と比べて，そ

の間の変化を確認することもできるだろう。

(4) 理性的なふり返りが促進される

　これまでに見てきたように，話し言葉と書き言葉にはそれぞれ違った性質がある。話し言葉は音声と不可分のものであり，話されている言語的な内容に，音声による感情表現が随伴する。それゆえ，話し言葉は情緒的交流の要素が大きいものである。これに対して書き言葉は，音声や表情などの非言語的な要素の多くが伴わない。それゆえ，書き言葉はより言語的なものとなり，身体的で即時的な情動表現とは距離があるものである。このことは，より冷静に考えることを促進する。

　また，瞬時に消えていく話し言葉とは異なり，書き言葉は目の前にとどまり，記録として目の前に残る。自分の体の外側に書かれたものとして残り，距離をとって眺めることができる。論理的な矛盾や，内容の変化にも気づきやすい。

　こうしたことから，書き言葉によるカウンセリングでは，冷静に理性的にふり返って考える過程を促進しやすい。

(5) 第三者に見せて説明する資料にできる

　対面のカウンセリングにせよ，電話のカウンセリングにせよ，音声のカウンセリングは閉ざされた密室で行われるし，音声は瞬時に消えていくので，その内容を第三者にそのまま提示することはできない。しかし，テキストカウンセリングはやり取りがそのまま残っているから，第三者に見せることが可能である。文字によるコミュニケーションのこの特徴は，カウンセラーの側からすると，迂闊な対応がすぐに客観的な評価に晒されて批判されうるという意味で，歓迎されないものと捉えられがちである。

　しかしこの特徴は，カウンセリングを進めるうえでのメリットともなりうる。たとえば，いじめやハラスメントの相談では，クライエントの話は，傷つきや怒りなどの激しい感情のために，混乱したものであることが多い。主観的な内容と客観的な出来事の説明が入り混じり，時系列も整理されていな

いことがよくある。カウンセラーはこうした話を根気よく聞き，感情を受けとめながら，事実関係，その事実についての主観的な体験，組織や相手への要望などを明確にしていく。テキストカウンセリングでは，こうして聞き取った内容が，整理された形でテキストとして残る。それをプリントアウトして，そのまま学校や職場の相談窓口に持っていくこともできる。そのことは，いじめやハラスメントで苦しんでいるクライエントが，周囲の関係者に事情を説明する際，大いに役立つ。

(6) 生活場面で対処に活かすことができる

　テキストカウンセリングではやり取りがそのまま残るので，カウンセリングの成果を生活場面に持ち込んで，常に参照できる。たとえば，上司が怖くて言いたいことも言えないという悩みを抱えている人が，カウンセラーとのやり取りのなかで上司に言いたいことについて話し合い，具体的にどんな言葉で言うかを明確にしたとしよう。テキストカウンセリングであれば，次に上司と話す場面の前に，その言葉を参照し，何度も繰り返して口に出して練習して臨むことができる。

　クライエントは，カウンセリングのなかで得られた安心できる言葉，勇気づけられる言葉，落ち着く言葉などを，お守りのように常に携帯することができる。不安が高まると過呼吸発作が出てしまうという悩みを持つ人が，不安になったときにどうしたらいいかを話し合ったとしよう。クライエントは，そこで出てきたアイデアを常に持ち歩き，日々の生活場面で不安になったときには，それを読み返して気持ちを落ち着かせることができるだろう。

6. テキストによるコミュニケーションの弱みを補う工夫

　テキストカウンセリングにおいては，カウンセラーはテキストによるコミュニケーションの弱みを補うべく，さまざまな工夫をする必要がある。以下に重要なものを取り上げよう。

(1) 非言語的な感情反応を言葉にして表現する

　対面のカウンセリングでは，カウンセラーはクライエントが話している間にも，頷いたり，微笑んだり，相槌を打ったりして，リアルタイムに反応を返している。対面のカウンセリングにおいて，カウンセラーはクライエントの目の前に身体的に現前する以上，表情や姿勢や声や呼吸などの身体的なチャンネルを通して，クライエントに対して何らかの感情反応が伝わるのを避けることはできない。クライエントに対する共感は，主にこうした身体的で非言語的なチャンネルを通して伝えられる。

　テキストのカウンセリングでは，クライエントから届いたメッセージをカウンセラーが読んで微笑んだとしても，クライエントには見えない。眉間に皺を寄せてクライエントの苦悩に波長の合った反応をしていたとしても，クライエントには見えない。このことはテキストによるコミュニケーションの弱みとなる。それゆえ，テキストカウンセリングでは，クライエントのメッセージを読んで自然に喚起されるカウンセラーの感情反応のうち，伝えるべきもの，治療的に大事なものを選び，それを文字にして返す工夫が必要となる。

　カウンセラーがクライエントのメッセージを読んでつらく感じたのであれば，「メッセージを拝読して心が痛みました」などと返す。嬉しく思ったなら「○○さんのメッセージを読んで，嬉しく思いました」などと返そう。カウンセラーが感じたことを，明確に言葉にして表現するのである。対面や電話の相談でも，そのように自分の気持ちを言葉にすることはあるだろうが，それ以上に意識的にこうした自己開示を増やす必要がある。

(2) 今ここの感情に焦点づける

　文字によるコミュニケーションは，対面や電話などの音声によるコミュニケーションと比較して，どうしても知的，理性的，客観的，分析的になりがちである。それを補うには，大事なポイントで，今ここで身体的・直接的に感じられる感情の体験に注意を方向づけることが役に立つだろう。

　たとえば，「○○さんは，上の私の言葉を読んで，今，どんなふうに感じておられますか？　どんな思いや気持ちが湧いてきているでしょうか？　少し時間をとって，ゆっくり呼吸しながら，自分の内側に生じてくる思いや気持ちを感じてみてもらえますか？」といったような言葉掛けにより，内側に注意を向けてじっくりと感じることを促すのである。単にメッセージの内容を読んで知的に理解するだけでなく，やり取りのなかで感じられる感情や身体感覚，心の内に湧き起こる思いなどに注意を方向づける。

　カウンセラーのメッセージを読んでの反応だけでなく，カウンセリングを進めるなかで，生活の中の重要な場面においてもどんな感情反応があるか，ふり返ってじっくり感じてみるよう促すことが，役に立つだろう。たとえば「職場での会議のことですが，その場面では○○さんの心の中にどんなことが起きていますか？　今度，職場の会議に出たときには，心の中にどんな気持ちや思いがあるか，身体にはどんな感覚があるか，穏やかに呼吸しながらじっくりモニターしてみてほしいのです」などと促してみる。

　文字によるやり取りが，過度に知的，理性的，客観的，分析的になることを防ぐために，こうした促しが役に立つだろう。

（3）感情コントロールが難しいクライエントには十分に配慮する

　テキストカウンセリングでは対面や電話のカウンセリングとは異なり，表情やジェスチャーや声のトーンなどの非言語情報が得られない。そのため，テキストカウンセリングでは発信者の感情状態が分かりづらくなる。これはテキストカウンセリングの弱みである。

　しかし，これはあくまで対面や電話によるカウンセリングと比較しての弱みということであって，テキストでは感情がまったく伝わらないとか，扱えないということではない。ただ，テキストで感情をやり取りしたり，感情についての作業をしたりする際には，この弱みを認識し，そこを考慮して進める必要があるということである。

　たとえば，テキストカウンセリングにおいて，情緒不安定なクライエントや感情のコントロールが難しいクライエントのカウンセリングを行う場合，

感情を刺激するやり取りには特に慎重である必要がある。クライエントは，カウンセラーの言葉に刺激されて，カウンセラーが予想している以上に強い感情を体験するかもしれない。そういうとき，対面のカウンセリングであれば，相手の表情を見て言いかけた言葉を途中で引っ込めたり，言い換えたりするだろう。電話のカウンセリングでも，すぐに自分の発言を修正するだろう。いずれにせよ，カウンセラーは自分の発言によって生じたクライエントの激しい感情を，その場で一緒に調整する作業に取り組むだろう。

　テキストカウンセリングでは，こうしたその場でのリアルタイムの対応ができない。それゆえ，情緒不安定なクライエントや感情のコントロールが難しいクライエントの場合，あらかじめこうした場合がありうることを伝え，カウンセラーの言葉に動揺したり，コントロールし難いほど強い感情が喚起されたりした場合に，どのようにその感情に対処するかを検討しておくことが必要になる。それは家族のサポートかもしれないし，電話などによる臨時セッションかもしれないし，リラクセーションなどのスキルの実践かもしれない。

　こうした話し合いの結果，カウンセラーとクライエントは，今の状況であればテキストカウンセリングよりも対面や電話でのカウンセリングのほうが安心だ，という判断に至るかもしれない。

　そうしたリスクも考慮しつつ，テキストカウンセリングをやってみようということになる場合もあるだろう。そういう場合には，とりわけカウンセリングの初期においては，できるだけサポーティブなやり取りを心がけ，感情に負荷をかけていくようなやり取りは控えめにする必要がある。そして，クライエントのテキストカウンセリングへの反応のあり方をモニターし，テキストカウンセリングにおいて安全にやり取りできることを確認する作業が必要である。カウンセラーとのやり取りに安心感を確立し，そのうえでクライエントの変化にとって必要とされる作業を，少しずつ慎重に導入する。

　当然のことながら，カウンセラーは神様でも超能力者でもないので，どんなに注意していても予想外にクライエントに激しい感情を喚起してしまったり，傷つきを刺激したりしてしまったりすることはありうる。リアルタイム

に感情的反応をモニターして調整することが必要不可欠であるようなクライ
エントには，テキストカウンセリングは難しい場合がある。

7 . テキストカウンセリングにおけるメッセージの 受けとめ

　テキストカウンセリングにおけるやり取りを，インプットとアウトプット
に分けて考えてみる。アウトプットについては，第2章において詳しく見て
いくことになっているので，ここではインプット，つまりクライエントから
のメッセージの受けとめについて考えてみる。それを論理面と感情面とに分
けて検討しよう。

(1) 論理面

　まずは，クライエントのメッセージの内容を，知的に正しく理解すること
が必要である。メッセージを読んで，カウンセリングを進めるうえで重要と
思われる内容について理解を進める。分かりにくいところがあれば，放置せ
ず積極的に質問して把握しよう。質問することによって，カウンセラーがク
ライエントに興味を持っていること，またクライエントの援助にコミットし
ていることが伝わる。

　クライエントのメッセージに書かれている事実関係の説明や，内面の考え
や感情の説明も，混乱していて分かりづらいことが多い。クライエントはス
トレスを感じていて，エネルギーが低下しているからこそ，カウンセリング
を求めているのである。悩んでいることや，それに関連する事情を説明する
のは，簡単なことではない。分かりづらくて当たり前である。カウンセラー
はクライエントの説明を理解しようと努力し，分かりづらいところを質問し
て情報を引き出したり，事実関係を時系列に沿って整理したり，論理的に飛
躍しているところは共感的な推論をしながら理路を整えたりする。そして，
その理解をクライエントに提示して，その理解で合っているか確かめよう。

(2) 感情面

　クライエントの書いた文章を読んで，クライエントの感情について理解する。この場合の理解には2つの面がある。1つは，クライエントが書いている状況に意識的・能動的に身を置いてみて，クライエントはどんな感情を体験しているのだろうかと推論する作業である。そしてもう1つは，クライエントの文章を読んでカウンセラーの心に湧いてくる感情にオープンになり，ただありのままに感じ取る作業である。前者は努力を要する能動的な作業であり，後者はあらゆる努力を手放して，ただ感じられるままに感じる作業である。

　クライエントのメッセージを読みながら，自分の中にどんな感情や思いが湧いてくるか，オープンにただありのままに感じるという作業を意識的にしてみることは役に立つ。どんな感情や思いが湧いてきても，それを制御しようとせず，浮かぶものを浮かぶままに任せて感じるのである。

　テキストは何度も繰り返して読むことができるので，時間をとって繰り返し読み，自分の感情や思いをじっくりと感じてみることができる。また対面のコミュニケーションとは違って，相手に自分の反応を見られないので，余計な気遣いなしにじっくりと感じることに専念することができる。

　ありのままに感じることは，簡単に自動的にできることだと考えている人もいるかもしれないが，実際にはそう簡単でも自動的にできることでもない。自分が感じていることにあらためて注意を向けて，意図的にじっくり丁寧に感じてみるという作業をしないと，感じていることに気づかないまま，感情や思いがただ通り過ぎていってしまうことはよくある。

【文献】

Cuijpers, P., Donker, T., van Straten, A., Li J., & Andersson, G. (2010). Is guided self-help as effective as face-to-face psychotherapy for depression and anxiety disorders?: A systematic review and meta-analysis of comparative outcome studies. *Psychological Medicine,* **40**(12), 1943-1957.

Frank, J. D. & Frank, J. B. (1991). *Persuasion and healing: A comparative study of psychotherapy. 3rd ed.* Johns Hopkins University Press.［杉原保史訳（2007）. 説得と治療──心理療法の共通要因. 金剛出版］

Hirai, M. & Clum, G. A. (2006). A meta-analytic study of self-help interventions for anxiety problems. *Behavior Therapy,* **37**(2), 99-111.

Masson, J. M. ed. (1985). *The complete letters of Sigmund Freud to Wilhelm Fliess, 1887-1904.* Harvard University Press.［河田晃訳（2001）. フロイト フリースへの手紙 1887-1904. 誠信書房］

岡本茂樹（2012）. ロールレタリング──手紙を書く心理療法の理論と実践. 金子書房

Ong, W. J. (1982) *Orality and literacy: The technologizing of the word.* Methuen.［桜井直文・林正寛・糟谷啓介訳（1991）. 声の文化と文字の文化. 藤原書店］

Lepore, S .J. & Smith, J. M. (2002) *The writing cure: How expressive writing promotes health and emotional well-being.* American Psychological Association.［余語真夫ほか監訳（2004）. 筆記療法──トラウマやストレスの筆記による心身健康の増進法. 北大路書房］

ルリヤ・A・R（1974）／森岡修一訳（1976）. 認識の史的発達──その文化的，社会的基礎. 明治図書

Pennebaker, I. W. (1989). Confession, inhibition, and disease. In L Berkowitz (Ed.), *Advances in experimental social psychology.Vol.22.* Springer-Verlag. pp.211-244.

杉田峰康監修，春口徳雄（2013）. ロールレタリングの可能性. 創元社

Suler, J. (2004). The online disinhibition effect. *Cyber Psychology & Behavior,* **7**(3), 321-326.

Sullivan, H. S. (1954). *The psychiatric interview.* W. W. Norton.［中井久夫ほか訳（1986）. 精神医学的面接. みすず書房］

梅田規子（2011）. ことば，この不思議なもの──知と情のバランスを保つには. 冨山房インターナショナル

Chapter 2

治療的な文章表現の工夫

[杉原保史]

　本章では，テキストカウンセリングにおけるアウトプットとしての文章表現について考えてみる。まずは，テキストカウンセリングにおける文章表現一般に関わる注意点を述べる。その後，カウンセリングにおける言葉の選び方の効果について考察する。これらを踏まえて，カウンセリングを進めるうえでのさまざまな文章表現の工夫を，具体的に取り上げて考察することにする。

1. テキストカウンセリングにおける文章表現

　テキストカウンセリングにおいては，カウンセラーに文章表現の技術が求められる。具体的な技術的工夫について検討する前に，まずは一般的に心がけておくべきことを述べる。第1章の末尾でメッセージの受けとめについて検討したときと同様，ここでも論理面と感情面に分けて考察しよう。

(1) 論理面

　クライエントはストレスを感じていて，余裕がないことが普通である。イライラしていて落ち着いて文章を読めないかもしれない。そのような心理状態では，文章を読んで理解する力も低下してしまう。だから，カウンセラーは分かりやすい文章を心がける必要がある。

　複雑な構造の長い文は要注意である。一度にたくさんのことを言おうとすると，複雑な構造の長い文になりがちである。いろいろな思いがあって言いたいことが定まっていないとき，定まらないままにただダラダラと書いてし

まっている場合にも，長い文になりがちである。

　非常に基本的なことだが，カウンセラーの返信において，主語と述語が適切に対応していない文を見かけることは多い。主語と述語が自然な対応関係にあることは，読みやすい文章の基本である。きちんと読み返せば，主語と述語が対応していない文を見つけるのは，さほど難しいことではないはずである。

　解釈の余地が多く，文意が不明瞭な文も避けるべきである。文章全体の流れも，できるだけ行ったり来たりせず，また飛躍したりせず，すっきりと流れるようにしたい。

　分かりづらい文章の例をいくつか挙げておく（表2-1）。クライエントへのメッセージの草稿を書いたら，こうした文がないか，落ち着いて読み返してチェックすることが必要である。テキストカウンセリングは，そうやってメッセージを推敲できることが強みであるから，その強みを活かすべきである。

(2)　感情面

　文章表現における感情面の心がけとしては，温かい文章にすることである。クライエントはどれだけ淡々としているようであっても，自分をネタにしてユーモラスに語っているようでも，高圧的に強い態度に出ていても，心のどこかには傷つきや痛みを感じている。だから，カウンセラーは温かさの滲み出るような文章を書くようにしたい。

　メールの場合，どうしても事務的な文章になりがちだが，テキストカウンセリングでは，季節感のある挨拶や，相手への気遣いが伝わるような挨拶から始めてもよいだろう。もちろん，こうした文章のスタイルは相手によっても受け取り方が違うので，相手のカルチャーに合わせることが大事である。しかし，一般的に言えば，いきなり本題に入るよりも，気遣う関係を確認するような穏やかなやり取りが前置きにあることで，本題となる内容の受けとめが良くなることが多い。挨拶は，それ自体にはあまり実質的な内容がなく，無駄なように感じる人もいるかもしれないが，だからこそ，安全な関係

表2-1　論理面で分かりづらい文の例

複雑な構造の長い文	あなたは，お母様から，娘さんがご主人からメールをもらったと話していたと聞いて驚き，娘さんにご主人からのメールの内容を確認してみたら，ご主人が担任の先生の意見をちゃんと考えてみるよう娘さんに促していたことを知って，意外に思うとともに，内心ほっとされたので，それまでの疲れが一気に出たのかもしれませんね。
	お子さんが話してくれる気持ちや考え，それらを理解するだけではなくて，その奥にある「苦労や頑張りを承認してほしい」という気持ちに気づいてあげることが大切だと，保護者面談で先生から言われた一言をきっかけにして，あなたは理解し始めたんですね。
主語と述語が適切に対応していない文	そこには，お母さんに褒めてほしいというお気持ちと，どうせ褒めてもらえないから別にいいという諦めのお気持ちとの両方がおありのように私には伝わってきます。そしてそれは，何よりも，ご自分がご自分を承認することができずにお辛くなっていっているように感じているのですが，いかがでしょうか。
	あなたは，小さい頃，お父さんからいつも馬鹿にされていたと感じておられるように，前のメールで，私が，あなたの不安についての理解をお伝えしたときに，私の言葉がお父さんの言葉と重なったのでしょうね。
文と文の間の関係の論理的整合性がとれていない文	病院に行くよう勧めることは，あなたにとって「人格を否定される怖い場所に行け」とあなたを脅かすメッセージになっているのですね。そういうつもりではなかったのですが，この状況を乗り越えるには病院を受診していただくことがどうしても必要なのです。
	そんなふうに店長に怒鳴られたら，すごく怖くて逃げ出したくもなりますよね。それは当然のことだと思います。けれども，どうしてあなたはその場から逃げ出してしまったのでしょうか？　何か思い当たることはありますか？

性を確認するよう働くのである。テキストカウンセリングではその働きを十分に活用したい。

　そのうえで，実質的なメッセージの中に，ねぎらい，共感，承認などを効果的に散りばめ，全体として信頼感のある，そして希望を喚起するような感情的トーンの文章を推薦する。

　また，文章表現において，相手との適度な距離感を保ち，職業的関係と親密さのバランスを取ることも大事である。形式的でよそよそしすぎず，馴れ馴れしく砕けすぎず，適切な距離感を保つ。たとえば，相手をどう呼ぶかである。二人称代名詞は「あなた」が無難であろうが，相手の名前を用いて「○○さん」と呼ぶこともあるだろう。「○○さま」とすると，さらに職業的で距離ができる。語尾の言い回しを「〜ですね」「〜だね」「〜だよね」など少し変えるだけで，距離感が違ってくる。ここでも，単純な唯一の正解はなく，相手の年齢や性別，属しているカルチャーなどによって微妙に調整する必要がある。とはいえ，いくら相手が砕けた親しい表現をしてきても，職業的関係にふさわしい範囲を逸脱してまでそこに合わせてはいけない。

2. 言い回しの効果

　ここからは文章表現の工夫について，より具体的に考えていこう。

　同じことを表現するにも，いろいろな言い方がある。内容は同じでも，どのような言葉でそれを表現するかによって，伝わるものは全然違ってくる。そのことは，誰もが日常的に経験して知っていることであろう。そうであれば，カウンセリングにおいてカウンセラーの言葉の表現の工夫は，極めて重要なものとなるはずである。

　たとえば，対人関係精神分析を導いたハリー・スタック・サリヴァンは「言葉は治療者の仕事道具なのだから，心理療法の教育は，言葉の最も有効な使用法に注意を払うことを含めるべきだ」（Chapman, 1978/1979）と述べている。心理療法の共通要因の初期の重鎮であるジェローム・フランクは，「心理療法は治療的レトリックとして見ることができる」（Frank & Frank,

1991）と述べている。ユング派の分析家ジェームズ・ヒルマンは，「心理療法とは，言葉によるイメージ喚起を通して説得的な影響を及ぼそうとする営為であり，アートフルなやり方で話し，聞き，書き，読むことだ」（Hillman, 1983）と述べている。

　しかし，カウンセリングの理論の歴史において，こうした意見は常に周辺的な位置に留められてきた。いくつかの例外はあるものの，カウンセラーの言葉の技術が体系的に議論されることは，今なお非常に少ないのが現実である。そこにはさまざまな理由があるだろう。カウンセラーにとって，クライエントの話を聴く役割こそが重要だという考え方が強く，そもそもカウンセラーの話す役割はあまり重視されてこなかったということなのかもしれない。あるいは，カウンセリングは科学的なものであって，科学的な真実はちょっとした言葉の言い回しによってその真実性が左右されるようなものではないという考え方が強く，そのために言葉の表現の技術は軽視されてきたということなのかもしれない。

　いずれにせよ，カウンセラーの言葉の技術は，実践上，非常に重要なものであるにもかかわらず，その議論は低調である。しかし，テキストカウンセリングは文字だけで行われるため，対面や電話のカウンセリング以上に言葉の表現が重要となる。本章ではさまざまな実践場面を取り上げながら，カウンセラーの言葉の表現の技術を具体的に論じていこう。

3．　言葉選びの工夫

　ほぼ同じことを伝えているようでも，ちょっとした言葉の選び方によって，カウンセリングのプロセスは大きく違ってくることがある。そのことを，具体的な場面を取り上げて考えてみよう。

　子どもが問題行動を呈していて，お母さんがカウンセラーのところに相談に来た。相談の中でカウンセラーは，子どもの問題行動について夫婦の間で話し合いがなされているのかどうかを知りたいと考えた。そこでのやり取りである。

■素朴なやり取りの例

　カウンセラー：あなたはこの問題について夫と話し合いましたか？

　クライエント：いえ，話し合ってません。

　カウンセラー：なぜ話し合わないのですか？

　クライエント：いや，それが……（口ごもる）。

　カウンセラー：話し合ってみてくださいね。

　何の問題もない，ごく普通のやり取りのように見えるかもしれない。しかし，ハリー・スタック・サリヴァンは，カウンセリングの専門家としては，これはまるでダメなやり取りだと言う。これがダメなら，いったいどう言えばいいというのだろうか。サリヴァンは，次のように言うことを勧めている。

■専門的な言葉の工夫がなされた巧みなやり取りの例

　カウンセラー：あなたの夫はこの問題についてどんなふうに考えているんでしょう？　彼はこの問題に関してあなたに何か言いましたか？　それとも，もっと他のやり方でこの問題に関する自分の考えを明らかにしたんでしょうか？

　クライエント：いいえ，夫は何も言ってくれないんです。

　カウンセラー：あなたはこの問題を，二人の間でオープンに話し合うことが望ましいと思いますか？

　まず，「あなたは夫とこのことを話し合いましたか？」と聞くのではなくて，「あなたの夫はこの問題についてどんなふうに考えているんでしょう？」と聞く。この尋ね方の違いについて考えてみよう。

　「あなたは夫とこのことを話し合いましたか？」という質問に対して，クライエントがイエスと答える確率と，ノーと答える確率のどちらが高いだろうか。子どもに問題が生じている状況は，家族にストレスをかける。そうした状況では，夫婦間のコミュニケーションは円滑さを失いがちになる。さら

には，もともと夫婦間に緊張関係があったからこそ，子どもに問題が生じて
きたという可能性も十分にありうる。こうしたことを考えると，「あなたは
夫とこのことを話し合いましたか？」という質問には，ノーという答えが
返ってくる可能性のほうが高いと考えるのが妥当である。

　そして，答えがノーの場合，クライエントは申し訳なさそうに，恥ずかし
そうにそう答えることが多い。「すいません，実は話し合ってないんです」な
どと謝ることさえあるだろう。「お恥ずかしいですけれども，話し合えてい
ないんです」と身を縮める人もいることだろう。カウンセラーはただ質問し
ただけなのに，相手は責められたように，あるいは恥ずかしめられたように
感じて，萎縮してしまう。

　たとえ，専門家の側がそのようには意図していなかったとしても，専門家
が「この問題について夫と話し合ったのですか？」と聞くと，クライエント
の側は「話し合うべきなのだ」「話し合うことがこの状況で正しいことなの
だ」と受けとってしまいがちである。その結果，クライエントは，専門家で
あり権威であるカウンセラーから「やるべきことができていない人」と見な
されていると感じ，「すいません，話し合ってないんです」と委縮してしま
う。あるいは，子どもが重大な問題を呈しているのに，夫婦の間でそのこと
についてまともに話し合うことさえできていないということを，恥ずかしい
と感じてしまう。

　それでは，「あなたの夫はこの問題についてどんなふうに考えてるんで
しょう？」という質問についてはどうであろうか。「彼はこの問題に関してあ
なたに何か言いましたか？　それとも，もっと他のやり方でこの問題に関す
る自分の考えを明らかにしたんでしょうか？」という問いかけに対して，も
し夫婦間で話し合いができていなかったとしても，「いえ，夫がどう考えて
いるのかは分からないです。そういうことを言わない人なので」と，比較的
気軽に答えることができるのではないだろうか。

　夫婦間での話し合いは，妻と夫の2人が共同でする行為である。「あなた
は夫と話し合ったのか」と聞いても，「夫はあなたにそれを話したのか」と聞
いても，結局は同じ情報が得られる。どちら側を主語にして質問しても，結

局，同じ情報が得られるのである。同じ情報が得られるのだったら，クライエントの責任の範囲ではないほうから聞きなさい，というのがサリヴァンの教えである。自分の責任の範囲内のことであれば，できていない場合に申し訳なさや恥ずかしさが生じてしまうが，自分の責任の範囲外のことであれば，できていなくても比較的気楽に答えられるからである。なお，ポール・ワクテルは，このような言葉の技術を「責任の外在化」と呼んでいる。

　次のステップについて考えてみよう。どうやらクライエントと夫との間で，子どもの問題についての話し合いができていないようだと判明したときである。「なぜ話し合わないのですか？」「話し合ってみてください」という進め方と，「あなたはこの問題を，二人の間でオープンに話し合うことが望ましいと思いますか？」という進め方とを比較してみよう。

　「なぜ話し合わないのですか？」という質問も，「話し合ってみてください」という指示も，「こういう状況では話し合うのが正しいことだ」という前提に立った表現である。しかし，実際には，話し合うことがいいことかどうか，カウンセラーには分からない。話し合いをしようと試みると，暴力や暴言など，ひどいことが起きてしまう夫婦は残念ながら現実にたくさん存在している。「話し合うのが正しい」というのは，比較的穏やかな家庭で育ったカウンセラーの無邪気な先入観である。そのような先入観に立った支援は，主流文化の押し付けであるとも言えるだろう。

　専門家がこのように「夫婦で話し合うことがいいことだ」という前提に立って質疑を進めると，そのやり取りの中で，クライエントはやるべきことを知らない，無知で愚かな人だ，というポジションに置かれることになる。カウンセラーは，あからさまには一言もそんなことは言っていないし，たとえカウンセラー側にそういう意図がまったくなかったとしても，こういうやり取りによって，クライエントには「お前はやるべきことをしていないし，知りもしない愚か者だ」というメッセージが伝わってしまう。

　これに対して「あなたはこの問題を，二人の間でオープンに話し合うことが望ましいと思いますか？」という質問はどうだろうか。この質問はそうした前提に立っていない。「私は専門家だからこの状況であなたがやるべきこ

とが分かっている」という前提には立っていない。クライエントを「無知で愚かな人」という立場に立たせていない。むしろ，この質問は，クライエントも自分なりに，自分の境遇の中でベストな選択をしてきた結果，現在の状況に至っているのだという前提に立っている。「あなたは夫とこのことを話し合うのがいいと思いますか？」と尋ねるその行為によって，「あなたはあなたなりちゃんと考えて，今日まで対処してこられて，そのなかでこの問題が起きてるんですよね」というニュアンスが伝わる。カウンセリングにとっては，質問によって必要な情報を得るとともに，やり取りの中でこうしたメッセージをクライエントに届けることが大事なのである。

　以上，同じ場面での2つのやり取りについて比較してきた。この2つのやり取りは，かなり違った反応を呼び起こし，かなり違ったプロセスを導くだろう。しかし，これら2つのやり取りにおいて，カウンセラーは同じ着想に基づいて発言していることに，あらためて注意を喚起しておこう。カウンセラーが異なった着想をもって発言したから，異なる効果がもたらされたわけではなく，同じ着想をもちながら，それを表現する言葉の選び方が違っていたから，異なる効果がもたらされたのである。

4. メタメッセージ

　サリヴァンのこうした見解を踏まえ，さらにそれを発展させた人物としてポール・ワクテル（Wachtel, 2011/2014）が挙げられる。彼の著作『心理療法家の言葉の技術』は，カウンセラーがクライエントに向けて話す際の言葉の言い回しの工夫を，詳しく論じたものである。

　その著書の中でワクテルは，カウンセラーは自分の発言の「メタメッセージ」に注意を払う必要があると述べている。メタメッセージとは，その発言の概念上の内容とは別に，その概念上の内容を具体的にどのような言葉で言うのか，その言葉の選び方によって伝わる情報のことである。メタメッセージには，今ここで相手に対して感じている感情（好感や嫌悪感など）や，相手との関係のあり方（親しさやよそよそしさなど）についての情報が含まれ

ている。

　発話者は，自分の発言の概念上の内容についてはよく意識しているが，メタメッセージについては無自覚であることが多い。カウンセリングにおいては，メタメッセージが非常に大きな影響力を持つことから，メタメッセージに意識的に注意を向け，発言に治療的なメタメッセージが伴うように，言葉選びを工夫することが必要なのである。

　ではこれから，具体例を挙げながら，言葉の選び方の工夫について解説していこう。

5.　相談にあたっての不安への配慮

　最初の例は，極度の不安を訴えるクライエントとの初回面接における対話である。クライエントは「私はすごく不安です。絶えず不安に苛まれています」と訴えている。その訴えを聞いて，カウンセラーは，その不安の変動のありようを知りたいと思った。その場面で，どのような言葉を選んで質問するかを検討してみよう。

> **■素朴なやり取りの例**
> 　クライエント：私はすごく不安です。絶えず不安に苛まれています。
> 　カウンセラー：不安が少しでもましになるときはありませんか？
> 　クライエント：ありません！

　カウンセラーが「不安が少しでもましになるときはありませんか？」と尋ねたところ，クライエントはイラッとした様子で，「ありません！」と即座に強く否定してきた。少しでもましになるときはないかという質問は，クライエントに「ひどい，先生は私がささいなことを大げさに訴えていると思っている！」と感じさせたのであろう。

　一般に，カウンセリングを受けに来た人は，カウンセラーから「そんなことで相談に来たのか」「些細なことを大げさに言う人だな」「めんどうくさい

やつだな」などと思われることを心配している。相談を受ける側は，安心して相談してほしいと願っているものだが，クライエントの側はいくらそう言われても，相談することに不安を感じるものである。「些細なことで大げさに騒いでいると思われる」という心配は，そのなかでも極めて一般的なもののひとつである。カウンセラーには，クライエントはこちらが想像する以上にそのような不安を抱きがちだ，と想定しておくことが必要である。

　ここでのカウンセラーの質問は，そうしたクライエントの不安を，無神経に刺激してしまうものである。「不安がましになることはありませんか？」という質問は，「あなたは大したことのない不安を大げさに訴えているんじゃないですか？」というメタメッセージを伝えてしまうのである。

> **■巧みなやり取りの例**
> クライエント：私はすごく不安です。絶えず不安に苛まれています。
> カウンセラー：不安がいつになくひどくなることはあるでしょうか？
> クライエント：ああ，あります。

　同じように不安の変動について尋ねる質問でも，「不安がいつになくひどくなることはあるでしょうか？」という質問ならどうだろうか。これに対しては，クライエントはイラつくことなく，「あります」と答えるかもしれない。むしろ，「先生は私の辛さをよく分かってくれている」と安心するかもしれない。そして，不安がいつになくひどくなる場合について話してくれるだろう。その話をじっくり聞いて，「なるほど，それは大変ですね」と受けとめてから，そのうえで「じゃあ，逆に，いつもよりちょっとましだなって感じることはあるでしょうか？」と尋ねると，「ああ，それもあります」という答えが返ってくるかもしれない。

　質問の順序が重要なのである。この順序で尋ねれば，クライエントはイラつかずに，協力的に答えてくれる。でも，「ちょっとでもましになることはありませんか？」という質問のほうから聞くと，情報はそれほど円滑に引き出せなくなってしまう。クライエントは相談するに際して，さまざまな不安を

表 2-2　相談にあたってクライエントが抱きがちな不安

●大袈裟に言い立てていると思われるのではないか？
●頑張りが足りないと思われるのではないか？
●訴えを信じてもらえないのではないか？
●頭のおかしい奴だと思われるのではないか？
●分かってもらえずに逆に非難されるのではないか？

抱きがちである。「大したことのない問題を大袈裟に言い立てていると思われないか」という不安は，その一例である。

　クライエントが相談に際してよく抱いている不安を，表 2-2 に挙げておこう。カウンセラーはクライエントがこうした不安を抱きがちであるという認識に立ち，こうした不安を刺激しないよう，むしろこうした不安を宥めて安心感をもたらすよう，言葉の選び方を心がける必要がある。

6. 非難のメタメッセージを避ける

　次の例を考えてみよう。たびたび大幅に遅刻してくるクライエントのケースである。しかも遅れるという事前の連絡もない。カウンセラーはこの遅刻について，クライエントと話し合いたいと思う。そういう場面を考えてみよう。そこで，どのような言い回しで遅刻について問いかけるかが問題である。

■素朴なやり取りの例
　カウンセラー：遅れるなら，なぜ電話しなかったのですか？
　クライエント：さあ，なぜでしょうね。分かりません。

　遅刻を話題にするとき，「遅れるなら，なぜ電話しなかったのですか？」と尋ねる。このように聞くと，「さあ，なぜでしょうね。分かりません」といった反応が返ってきがちである。このときクライエントは，「なぜ電話しな

かったんだろう？」と自分の心に問いかけて，内面を探索するようなモードには入っていない。「なぜ電話しなかったのですか？」という質問は，「電話するのが当たり前だろう」というメタメッセージを伝える。つまりこの質問は，お前はダメだという非難のメタメッセージを伝えてしまう。非難のメタメッセージを感じると，クライエントは当然，防衛的になる。

　また，「なぜ電話しなかったのか？」という質問は，「電話しなかった理由が私には分からない」ということを前提としている。極端に言えば，「あなたのしていることは理解不能だ」というメタメッセージを伝えてしまう。カウンセラーは正常な人たちのコミュニティに属している正常な人間で，クライエントはそのコミュニティの外にいる理解できない異常な人間だというメタメッセージを伝え，クライエントを疎外してしまう。

　前にも述べたが，カウンセラーは，カウンセリングを受けるにあたってクライエントが抱きがちな不安に配慮する必要がある。多くのクライエントが，「自分は異常な人間だと思われないか」という不安を抱いている。カウンセラーの言葉は，クライエントのそうした不安を刺激し，クライエントにはそのように意味づけられやすい，ということを認識しておく必要がある。

■巧みなやり取りの例
　カウンセラー：あなたが電話しなかったのには，理由があるはずです。一緒に考えてみましょう。
　クライエント：実はここに来るのに何か重い気持ちがあるんですよ。

　次のやり取りの例では，遅刻を話題にして，カウンセラーは「あなたが電話しなかったのには，理由があるはずです。一緒に考えてみましょう」と尋ねている。こうした質問であれば，クライエントは「実はここに来るのに何か重い気持ちがあるんですよ」といった答えを素直に返しやすくなる。この質問には，クライエントを責めるメタメッセージが伴っておらず，むしろクライエントを同じ人間として理解可能な合理的な存在として描いている。クライエントを疎外することなく，むしろ連帯しようとするメタメッセージが

伴っている。

　同じように，連絡なしに遅刻することを話題に取り上げながらも，その際の言葉の選び方によって，その後の展開には大きな違いが生じる。

7. クライエントは合理的な存在

　前にも述べたように，クライエントはカウンセリングを受けるにあたって，「分かってもらえないのではないか」「頭がおかしい奴だと思われないか」といった不安を抱いていることが多い。それゆえ，カウンセラーがクライエントの行為について，「なぜ～するのですか」「なぜ～しないのですか」とその理由を問いかけると，その不安が刺激されてしまう。カウンセラーの問いかけは，「お前はまともな人間には理解不能だ」というメタメッセージを伝えるものとして受け取られてしまう。

　ひとつの例を見てみよう。

■**素朴なやり取りの例**
　カウンセラー：ボスはそんなに怖い人じゃないって言っていましたよね。だったら，どうして思っていることをボスに言えないのでしょう？

　カウンセラーはクライエントの言動に矛盾を感じ，自分の頭の中の混乱を整理したいと思ったのであろう。そして，その思いを素朴にそのまま言葉にしたのであろう。しかしそれでも，このような問いは，クライエントに「お前の言ってることは理解できない」「お前は不合理で理解不能だ」というメタメッセージを伝えてしまう可能性が高い。

　カウンセラーは，こうしたメタメッセージを避け，あくまでクライエントは合理的な存在だという前提を崩さないように，やり取りの言葉を選ぶ必要がある。その点を配慮したやり取りの例を見てみよう。

■巧みなやり取りの例

> カウンセラー：ボスはそんなに怖い人じゃないって言っていましたよね。だったら，思っていることをボスに言ったらいいのではとも思うのですが，なかなかそうできないから困っておられるんですよね。ボスに思っていることを言おうとするとき，何がそれを避けさせるのでしょう？

　カウンセラーはクライエントの発言の矛盾に困惑しながらも，あくまでクライエントは合理的で理解可能な存在であるという前提を崩していない。むしろ，この矛盾をもとにクライエントをさらによく理解しようとして，探索を進めている。

8. まず額面どおりに受けとる

　次の例は，クライエントがいじめを訴えている場面である。素朴なやり取りの例を見ていこう。

■素朴なやり取りの例

> クライエント：みんなひどいんです。私何も悪いことしてないのに。よってたかって私をいじめるんです。私，もうどうしていいか。
>
> カウンセラー：どうしてみんながいじめるって思うの？　そう言うけど，何か証拠でもあるの？

　ここでのカウンセラーの応答は，どのようなメタメッセージを伝えるだろうか。「どうしてみんながいじめるって思うの？」という質問も，「何か証拠でもあるの？」という質問も，カウンセラーがクライエントの主張を疑っている，というメタメッセージを伝えてしまう可能性が高いだろう。クライエントはカウンセラーから信用されていないと感じる。そしてそのことは，クライエントとカウンセラーとの間の信頼関係の構築を妨げてしまう。信頼関

係が損なわれてしまうと，その後のどのような適切な情報も，アドバイスも，関わりも，その本来の効果を十分に発揮できなくなってしまう。

「カウンセラーから疑惑の目で見られている」というメタメッセージは，避けなければならない。その点に配慮したやり取りを見てみよう。

> **■巧みなやり取りの例**
> クライエント：みんなひどいんです。私何も悪いことしてないのに。よってたかって私をいじめるんです。私，もうどうしていいか。
> カウンセラー：みんながあなたをいじめるんですね。どういうところから，「あっ，これはいじめだ」って分かりましたか？

このカウンセラーの応答は，前の応答で見られたような疑惑のメタメッセージを，避けたものとなっている。カウンセラーはクライエントの訴えを聞いて，まずは「みんながあなたをいじめるんですね」と，クライエントの訴えを額面どおりに受け取ったことを伝えている。このようにしてクライエントを安心させ，初歩的な信頼関係を構築している。そのうえで「どういうところから，『あっ，これはいじめだ』って分かりましたか？」と聞いている。この質問は，いじめられているというクライエントの主張を肯定する姿勢を維持しつつ，クライエントがいじめだと考える根拠を問うものとなっている。

信頼関係を深めながら，この質問に対する答えをクライエントと一緒に吟味していけば，いじめと言えるような状況なのかどうかは，カウンセラーとクライエントの二人の協働作業による共通理解として明確化されていくだろう。感情の負荷のかかるデリケートな話題において，協働的な姿勢で探索を進めるためには，こうした言葉の選び方が非常に重要になる。

9.　「なぜ」より「いつ」「何が」

次は，学校に行かない中学生とのやり取りの例である。カウンセラーはク

ライエントがなぜ学校に行かないのか，その理由や背景を探究しようと考えた。では，どんな言葉でやり取りを開始したらいいだろうか。

■**素朴なやり取りの例**
　カウンセラー：なぜあなたは学校に行かないんですか？
　クライエント：分かりません。

　カウンセラーは，学校に行かないクライエントに，ストレートに「なぜ学校に行かないんですか？」と聞いている。おそらく聞かれたクライエントにすれば，「そんなことがきちんと説明できるくらいなら，カウンセリングを受けに来てないよ！」と言いたくなるだろう。こういう質問に対するクライエントの答えが，カウンセリングの役に立つことはあまりない。本人にも，自分がなぜ学校に行かないのかよく分からない，ということのほうが圧倒的に多いからである。

■**巧みなやり取りの例**
　カウンセラー：学校に行きたくないなーと思うとき，どんな思いが心に浮かんでいますか？
　カウンセラー：学校に行く時間が近づいてきて，準備している……（間）……そのときどんな気持ちですか？　どんな考えが心にありますか？
　クライエント：なんかソワソワする。みんなが教室で楽しそうにワイワイ喋っているイメージが浮かんできて，なんか息が苦しくなる。

　ここでは，少し言葉を変えた２つの質問の仕方を挙げている。いずれも基本的な考え方は同じである。まずひとつは，「学校に行きたくないなと思うとき，どんな思いが心に浮かんでいますか？」という質問。もうひとつは，「学校に行く時間が近づいてきて，準備している……（ここで，準備している

ことをイメージしてもらうための間を取る）……そのときどんな気持ちですか？　どんな考えが心にありますか？」という質問。いずれの質問も，クライエントがなぜ学校に行かないのかを理解するための情報を引き出そうとするものであるが，「なぜ？」とは聞いていないことに注意してほしい。カウンセラーは，クライエント自身に学校に行かない理由を説明させるのではなく，カウンセラーがその理由を推測するために必要な情報を引き出そうとしているのである。

　「なぜ？」という質問は，相手に自分の行為についての説明責任を果たさせようとする重い問いである。こうした問いはクライエントを身構えさせ，防衛的にさせる。前にも述べたように，カウンセラーは，少なくとも探索の初期段階においては，クライエントの責任を軽くするような言葉の表現を工夫する必要がある。クライエントが楽な気持ちで自分の心を探ることができるようにすることで，有用な情報がもたらされやすくなる。

10. 問題よりも背後のニードを言葉に

　カウンセリングにおいては，できるだけクライエントの自尊心を傷つけることは避けたい。自尊心を傷つけられると人は防衛的になり，心の探索の豊かさや柔軟性が損なわれるからである。

　何か問題があるからこそ人はカウンセリングを求めるのであり，カウンセリングにおいてはその問題を明確にすることが必要である。しかし，問題をただそのまま言葉にすると，クライエントの自尊心を傷つけてしまうかもしれない。問題を言葉にするときには，気をつけていないと，侮蔑的・疎外的なメタメッセージが伴ってしまいがちである。

■**素朴なやり取りの例**
　クライエント：人前で発言するとき，すごく不安になるんです。
　カウンセラー：あなたは人前で発言するとき，すごく不安になってしまうんですね。

　この例では，カウンセラーは「人前で発言するときに不安になってしまう」と，クライエントの問題をストレートに表現している。この表現では，クライエントは不名誉な傾向を抱えていることだけが浮き彫りにされており，クライエントは自尊心を脅かされていると感じるかもしれない。

　これを避けるためには，現在は満たされていない重要なニードを満たそうとする，前向きな姿勢を表現することによって，問題を描き出すことが役に立つ。

■**巧みなやり取りの例**
　クライエント：人前で発言するとき，すごく不安になるんです。
　カウンセラー：人前でも落ち着いて発言できるようになりたいんですね。

　クライエントは，「人前で発言するとき，不安になる」ことを自ら問題と見なし，その問題に取り組もうとしているからこそ，カウンセラーに「人前で発言するとき，不安になる」と言っているわけである。そうであれば，単に問題そのものを描き出すよりも，問題を問題たらしめているクライエントの成長へのニードを言葉にすることによって，問題を描き出すことができるはずである。そしてそのほうが，クライエントの自尊心を傷つける危険性が少なくなるだろう。

　この場合であれば，カウンセラーは「あなたは人前でも落ち着いて発言できるようになりたいんですね」と言うことができる。そうやってクライエントの成長へのニードを言葉にすることによって，自尊心を脅かすことなく，問題の認識を共有することができる。さらには，問題に取り組む前向きで未来志向の姿勢を承認し，強化することにもなる。

11. 変化に開かれた言葉を使う

　カウンセリングは，基本的に，クライエントに肯定的な変化をもたらすこ

表2-3　固定的な表現と変化に開かれた表現

●あなたは頑固な人ですね。
●その状況で，あなたは頑固な反応をしましたね。
●その状況で，あなたはオープンとは言えない反応をしましたね。
●その状況で，あなたがオープンになるのはかなり大変でしたね。
●時と場合によっては，あなたはもっとオープンに振る舞われますよね。

とを目標とした営みである。それゆえ，クライエントの問題を固定的なものであるかのような表現で描くことは，避けたほうがよい。

　たとえば，クライエントがしばしば感情的になって，柔軟性を失い，頑なに譲らない態度をとってしまうことが問題として取り上げられている場合を考えてみよう。そのことをめぐって話し合う時に「あなたは頑固な人ですね」という表現は，固定的な属性であるかのような印象を与えてしまい，変化を妨げてしまいかねない。変化に開かれた表現をとることが必要である。

　人間のどんな行動傾向も，いかなる状況でもまったく不変で固定的であることなど滅多にない。状況によって多少なりとも変動が見られることが普通である。同じことを，より変化に開かれた言い方で表現するとどうなるだろうか。いくつかのバリエーションを示す。下に行くほど，変化に開かれた表現となっている（表2-3）。

Column ちょっとした言葉の工夫──その1
[杉原保史]

　クライエントが，「僕はダメな人間です。僕には何の価値もありません」と言っている場面でのカウンセラーの発言について考えてみよう。

◆「あなたは自分をダメな人間だと思うんですね」
　この表現は，いわゆるオウム返しであり，カウンセラーの応答としてはポピュラーなものかもしれない。しかしこの表現は，クライエントが能動的・

主体的に「自分はダメな人間だ」と考えていることを前提としている。カウンセラーがそうした前提に立っているなら，クライエントの自尊心を回復するためには，クライエントに主体的・能動的にその考えを変えるよう求めることになるだろう。しかし，それで効果的に変化を導くことができるだろうか？

◆「『自分はダメな人間だ』という考えが心のどこかから湧いてきて，いつの間にかそれに支配されてしまうんですね」

　この表現では，クライエントは主体的・能動的に「自分はダメな人間だ」と考えているわけではなく，クライエントの意思とは別のところで，「自分はダメな人間だ」という考えが勝手に湧いてきてしまう状況が描かれている。この表現は，クライエントの責任を軽減し，問題を外在化している。クライエントは好きで自分を否定している主体ではなく，自己否定的な考えを送り込んでくる何者かに支配されている犠牲者として描かれている。

◆「『自分をダメな人間だと考えてしまうあなた』がいるんですね」

　「自分をダメな人間だと考えてしまうあなた」がいるという表現は，「そう考えないあなた」もいる，ということを暗に示している。クライエントがこの言葉かけを受け入れたなら，クライエントは自分の全体が自分をダメな人間だと考えているわけではなく，そのようには考えていない部分もあるということを受け入れたことになる。クライエントはそれと気づかないうちに，自分をダメだと考えていない自分の存在を認めるように誘導される。最初に挙げた「あなたは自分をダメな人間だと考えているんですね」という表現は，クライエントという1つの主体の全体が，自分をダメな人間だと考えていると示唆していることとは対照的である。また，「考えてしまう」という表現によって，好きでそう考えているわけではない，ということも示唆されている。

◆「そういう考えはどこから来たんでしょうね」

　この問いかけは，「自分はダメな人間だ」という考えが，クライエントの外側のどこかから侵入してきたものだということを示唆している。この問いについて考えることによって，クライエントは知らず知らずのうちに，その考えを自分の外側に位置づけるよう誘導される。

　ここに挙げた3つの工夫された表現は，いずれも自己否定的な考えからの脱同一化を促進する表現である。なお「脱同一化」は，学派によって「自我異和化」と呼ばれたり，「脱フュージョン」と呼ばれたりするが，基本的には同じことである。

12. クライエントが環境に問題があると捉えていたら

　ここまでのところでもたびたび述べてきたが，質疑を生産的に進めるためには，できるだけ問いかけをクライエントの責任の範囲外から始めることが有用である。このことは，いじめやハラスメントのように環境側に非があることを前提とした訴えの場合には，特別の意味を持つ。こうした訴えにおいては，クライエントの責任の範囲外から質疑を始めることは，なるべくそうしたほうがよいということではなく，必ずそうすべきこととなる。例を見てみよう。

■素朴なやり取りの例
　クライエント：みんなひどいんです。私何も悪いことしてないのに。
　　　　よってたかって私をいじめるんです。私，もうどうしていいか。
　カウンセラー：あなたがいじめられる原因は何だろう？

　ここでのカウンセラーの「あなたがいじめられる原因は何だろう？」という問いは，いじめの原因がクライエント側にあることを前提とした問いである。事実関係がまだよく分かっていない段階で，クライエントの責任の範囲から質疑を進めることは，クライエント側に問題の責任があると見なすメタメッセージを伝える。このような問いは，問題に対するクライエントの考えの妥当性を，最初から否定するものである。

■巧みなやり取りの例

　クライエント：みんなひどいんです。私何も悪いことしてないのに。
　　よってたかって私をいじめるんです。私，もうどうしていいか。
　カウンセラー：あなたをいじめている人についてだけど，その人たち
　　はどうしてそんなひどいことするんだろうね？　いったい何を考
　　えているんだろう？　あなたに何か思いつくことある？

　こちらの例では，カウンセラーは「あなたをいじめている人についてだけ
ど」と最初にはっきり言葉にして，他の人についての問いかけであることを
明確にしながら質疑を進めている。いじめやハラスメントなどの訴えにおい
ては，こうした進め方が必須である。
　では次に，もう少し微妙なケースについて考えてみよう。以下のような場
面でのカウンセラーの発言について，検討してみたい。

■転職を考えている20代女性

　クライエントのＡさんは今の職場で３年勤めており，必死の努力の
甲斐あって，今ではチームのリーダーを任されている。
　仕事を処理する能力は高いが，部下のミスを厳しく注意してやり直さ
せたり，放置されている仕事を部下に割り当てたりするような管理が苦
手で，部下のミスの修正作業や放置された仕事をこっそり家に持って
帰って自分で処理している。
　そうやってＡさんが陰で仕事をカバーしているチームの部下の１人
がＡさんの方針に対立意見を出してきた。Ａさんは自分の努力が部下に
まったく理解されていないことに怒りを感じる。上司も何もフォローし
てくれないことから，会社に失望し，転職も考えるようになった。

　この場面でカウンセラーは，Ａさんの努力が周りに理解されていないこと
を悔しく思い，その状況を改善することがＡさんの苦しみを和らげること
になるだろうと考え，次のようにクライエントに言った。

■素朴なやり取りの例

カウンセラー：Ａさんが，周りの人たちに自分の努力を少しでも理解してもらえるようになるにはどうしたらいいのか，一緒に考えていきましょう。

この発言は，目下の問題は，クライエントであるＡさんが何かこれまでとは違うことをして解決すべき問題だ，という見方を前提としている。つまり，Ａさんの対応がよくないからこの問題が起きているのであり，この問題に関してＡさんに責任があることを示唆している。

しかし，Ａさんは周りの人たちに怒っているのであり，自分は周りの人たちの無理解によって不当に苦しめられていると感じている。それらの人たちにこそ，問題の責任があると考えている。カウンセリングはあくまで問題に対するＡさんの取り組みを助けるものであるにしても，こうしたＡさんの問題の捉え方に沿った表現を用いることが望ましい。

■巧みなやり取りの例

カウンセラー：周りの人たちが，Ａさんの努力を少しでも理解できるようになるには何が必要なのか，一緒に考えていきましょう。

こちらの表現では，変わるべきは周りの人たちであることが明確にされている。周りの人たちに問題の責任があることが示唆されている。その結果，クライエントにとってより受け取りやすい表現となっている。しかしなお，この表現においても，結局はクライエントが事態の改善のために何らかの努力を払うことが求められていることには違いがない。カウンセリングはあくまでクライエントの取り組みを助けるものである。それでもなお，クライエントの認識に調和した仕方で問題を描き出すことが大事なのである。

13. 責任を軽くする記述の仕方

　カウンセリングは，最終的には，クライエントが問題についての自らの寄与を理解するよう助け，寄与している部分についての自らの責任を引き受けて，自ら変化のためのアクションを取れるよう助けていくものである。しかし，少なくともカウンセリングの初期においては，クライエントは問題への自らの寄与について気づいておらず，理不尽に問題が降りかかってきたと感じているものである。その時点では，カウンセラーはクライエントの問題を記述する際に，クライエントのそうした体験と調和した表現をすることが必要になる。

　そのための表現の工夫のひとつに，クライエントが主体的にしていることとして問題を指摘するのではなく，不安などに駆り立てられて意図せずしてしまっていることとして，問題を記述するというものがある。例を示そう。

> **■素朴なやり取りの例**
> 　カウンセラー：あなたは肯定的なものには注目せず，否定的なものにだけ，選択的に注目していますね。
> 　クライエント：(暗い声で) そうです。先生のおっしゃる通りです。僕はダメな人間なんです。

　このカウンセラーの発言は，「あなたは不適切な行動をしている」というシンプルな表現で，問題を記述している。この表現では，クライエントは自ら主体的に問題を作り出している，というメタメッセージが伝わってしまう。クライエントに，問題の責任を最初からまともに背負わせてしまっている。

> **■巧みなやり取りの例**
> 　カウンセラー：あなたは自分自身について肯定的なことを聞くと，なぜか不安で落ち着かない気分になってしまうようですね。肯定的

　　　なことをそのまま聞き入れるのは危険なことみたいで不安になっ
　　　てしまい，そうなると耳に入らずにスルーされてしまうようで
　　　す。
　　クライエント：確かにそうです。不思議ですよね。人から肯定してほ
　　　しいとすごく思っているのに，実際にそれが得られると不安にな
　　　るなんて。

　これに対して，こちらのカウンセラーの発言は，「あなたは不安に駆られ
て，無自覚のうちに不適切なことをしてしまっている」という表現で，問題
を記述している。不安がクライエントに不適切な振る舞いをさせているので
あり，クライエントは自ら望んでそうしているわけではない，というメタ
メッセージが伝わる。そのことによって，クライエントは問題についての責
任を，部分的に免除されている。

　この表現は，クライエントの体験により調和しているうえに，クライエン
トにとって受け入れやすいものともなっている。クライエントはカウンセ
ラーの言葉を，より気軽に受け止め，楽なスタンスで自分を省みることがで
きるだろう。

　同様の例をもうひとつ見てみよう。クライエントは変わりたいとしばしば
口にするものの，実際には言い訳が多く，思わしい変化が見られない状況で
ある。

■素朴なやり取りの例

　　カウンセラー：あなたは口では変わりたいと言いますが，私が実際，
　　　変化を促そうとしても，あなたはそれに取り組みたがりません
　　　ね。

　このカウンセラーの発言も，クライエントに変化しないことの責任をまと
もに負わせている。これでは，クライエントは口では変わりたいと言いなが
ら，自分の意思で，意識的に，能動的に，変化しないようにしているのだ，

クライエントは嘘つきだ，といった非難的なメタメッセージが伝わってしまうだろう。

■巧みなやり取りの例

　カウンセラー：あなたは変わりたいのですね。それと同時に，あなたは気がつくと変化をとても難しくさせるようなことを自らしてしまっているのですね。

　こちらのカウンセラーの発言は，最初に「あなたは変わりたいのですね」と，クライエントの変わりたいという言葉をしっかり文字どおりに受け止めたことを示したうえで，「気がつくと〜してしまっている」という表現を用いることで，クライエントが意識的，意図的に変化を拒んでいるわけではないことへの，理解のメタメッセージを伝えている。

14. 葛藤の両面を穏やかに抱える

　引き続き，上記のカウンセラーの発言について，別の観点から考えてみよう。
　このカウンセラーの発言の前半はクライエントの中の「変わりたい」部分を，後半は「変化を難しくさせるようなことをしてしまう」部分を記述している。そしてそれを，「それと同時に」という言葉で繋いでいることに注意してほしい。「変わりたい」部分と，「変化を難しくさせるようなことをしてしまう」部分とは，矛盾しており，人格内で潜在的に対立している。この発言の前半と後半を，「にもかかわらず」とか，「それなのに」とかのような逆説の接続詞で繋いでしまうと，人格内に強い対立関係があるというメタメッセージが伝わってしまう。
　カウンセリングにおいてカウンセラーは，クライエントが人格内の矛盾をそのままに認め，それぞれの部分をありのままに十分に体験できるよう助けようとするものである。それを考えると，クライエントの中で対立している人格部分を記述する場合，その対立を煽らない，できれば緩めるような言葉

かけの工夫が期待される。それが，葛藤の両面を穏やかに抱えるように描く，という工夫である。

　ここでカウンセラーが，「にもかかわらず」といった逆説ではなく，「それと同時に」という並列の接続詞を用いたのは，そうした考えに基づいている。

Column　ちょっとした言葉の工夫──その２
[杉原保史]

◆「どうなりたいですか？」「どうしたいんですか？」

　これらの問いかけも，クライエントが能動的・主体的にどうなりたいのか，どうしたいのかを問うている。クライエントには，これらについての責任が重くのしかかる問いかけである。

◆「この問題がすっかりなくなったとき……（間）……，今とどう違っているでしょうね？」

　カウンセラーは「この問題がすっかりなくなったとき」と言って，そこで間を取る。そうすると，クライエントの心には，問題がすっかりなくなった場面のイメージが自ずと喚起される。そしてそのイメージと現在の現実との間の違いを調べてみるよう，後半部分で問いかけている。この問いかけは，「どうしたいのか」「どうなりたいのか」という問いかけと同じことを問うものでありながら，クライエントの責任を軽くしている。

15.　アドバイスをクライエント自身の考えとして記述する

　次に，かなり高度な言葉の技術として，ワクテルが「帰属的コメント」と呼んでいる技術を紹介しよう。

　クライエントは上司に対して引っ込み思案で，言いたいことが言えないでいる，という場面を例に考えてみよう。そこでカウンセラーはクライエント

に，もっとアサーティブになるよう，上司に言いたいことをはっきり伝える
よう，アドバイスしたいと思う。

> ■**素朴なやり取りの例**
> カウンセラー：あなたは，上司に対して，言いたいことをもっとはっ
> 　　　きり伝えたほうがいいと思いますよ。

　上記のカウンセラーの発言は，アドバイスを素朴にそのまま言葉にしたも
のである。このアドバイスの内容が適切であるとして，このようなアドバイ
スとしての表現であれば，もしクライエントがこのアドバイスを実行に移し
たとしても，それはカウンセラーという他者の考えに従った行為だというこ
とになる。自らの主体的な動きではなく，カウンセラーという権威ある他者
の考えを取り入れ，それに従うという受動的な動きになる。カウンセリング
は，クライエントをエンパワーし，クライエントがますます主体的に取り組
み，自分に自信をつけていくことを助けるものであるから，クライエントが
カウンセラーのアドバイスによって受動的に動くような動きは，なるべくな
ら避けたいところである。

> ■**巧みなやり取りの例**
> カウンセラー：もし，私があなたを正しく理解しているとすれば，あ
> 　　　なたが言っていることは，上司にもっとはっきり自分の気持ちを
> 　　　伝えられるようになりたい，ということのようですね。

　上記のカウンセラーの発言では，カウンセラーはアドバイスをしていな
い。その代わりに，アドバイスしたいと思った内容を，クライエント自身の
思いとして描き出している。クライエントはこれまで，明確にそのように
言ったことはないのだけれども，カウンセラーには，クライエントは「上司
にはっきり自分の気持ちを伝えられるようになりたい」という思いを抱いて
いるものと推測された，ということを伝えているものである。

　これは共感的推測を伝えるコメントだとも言える。しかし一方で，このコメントは遠回しのアドバイスだとも言える。カウンセラーは，潜在的で曖昧で，いろいろな思いが入り混じって複雑なクライエントの思いに，特定の形を与えている。そうすることで，クライエントに対して，上司に自分の気持ちを伝えるよう方向づけている。そして，クライエントがこのコメントを受け入れて，「そうですね，確かにそうです」と答えたなら，「どんなふうに言いたいですか？」と問いかけて，上司に対して言いたいことをさらに具体的に明確にしていくこともできる。

　そうしたやり取りを経て，クライエントが上司に言いたいことを言うというアクションを取ったとき，そのアクションは，自分がしたかったことをした能動的な行為であり，自分自身で考えて取り組んだ結果として，生み出された行為なのである。

　上述したように，こうした言葉の工夫を，ワクテルは「帰属的コメント」と呼んでいる。それはカウンセラーに由来する考えを，クライエントのものとしてクライエントに帰属させているからである。

　当然のことながら，アドバイスしたい内容を帰属的コメントの形で記述すれば，常により効果的だということではない。クライエントにとって的外れなコメントとして体験されれば，ただ拒否されるだけだろう。その場合には，ストレートにアドバイスとして伝えていたとしても，拒否される可能性が高い。アドバイスにしても，帰属的コメントにしても，クライエントの潜在的な思いや欲求にフィットしていなければ，クライエントに取り入れられて，クライエント自身のものとして根づくことはない。ただ，そのアドバイスがクライエントにとって取り入れ可能なものであるならば，ストレートにアドバイスの形で言葉にするよりも，帰属的コメントとして共感的推測の形で言葉にするほうが，クライエントの能動的な取り組みを促進するだろうということである。

16.　防衛を一時的に支持する

　カウンセリングは，クライエントが防衛的に避けている体験を見つけ出し，それを緩め，取り除いて，クライエントが自分の心を素直にありのままに体験できるよう，助けるものであると言える。とはいえ，クライエントが防衛的になるポイントを見つけたときに，それを指摘してもうまくいかないことが多い。クライエントにとっては，防衛は自分の身を守るために必要なものなのである。防衛を緩めることは，不安や恥などのひどく不快な感情を引き起こす。それゆえ，反射的に蓋をしてしまう。防衛とはそういうものである。それを正面から指摘したところで，すんなりと緩まるものではない。むしろ逆に強めてしまうことも多い。

　そういうことを考慮すると，クライエントの防衛に気がついたら，それを最初に話題にする際には，あえてその防衛を支持するような表現を取り入れると，しばしば効果的であることが理解されるであろう。

　例を挙げよう。クライエントは中年男性で，強迫的な傾向があってカウンセリングを受けている。生い立ちを振り返るなかで，彼の父親は権威主義的で威圧的であったことが理解された。クライエントの語ったエピソードから，彼が父親に対して反感や嫌悪感を感じていただろうとカウンセラーは推察した。しかし，クライエントは自分は父親を尊敬しているとしきりに強調し，父親から受け継いだすばらしい価値観を自分の息子たちにも伝えたいと語る。その語りに不自然さを感じて，カウンセラーは次のように言った。

■**素朴なやり取りの例**

　カウンセラー：あなたはお父さんに対する否定的な感情を，見ないようにしているのではないですか？

　クライエント：そんなことはありません！　私は父を心から尊敬しているんです！

　このやり取りでは，カウンセラーはクライエントの防衛を正面から指摘している。そしてクライエントからの反発を招いている。カウンセラーはクライエントの防衛を正面から突き崩すことを試み，クライエントはそれに対する反応として，いっそう防衛を強化している。カウンセラーは，父の威圧的な振る舞いによって傷つけられてきたクライエントが，その傷つきの体験を避けたいと願う，その切実なニードを無視している。そのカウンセラーの姿勢が，クライエントの反発を呼び起こすのである。

■**巧みなやり取りの例**
　カウンセラー：あなたはお父さんをとても尊敬していて，お父さんから受け継いだすばらしい価値観を，子どもたちにも伝えたいと願っているんですね。その気持ちがよく伝わってきます。そのうえで，お父さんの人間的な部分についてですが，仮にお父さんの価値観や性質のなかで，あなたが子どもたちに伝えたくないものがたった1つあるとすれば，それは何でしょうか？
　クライエント：そうですね。確かに1つならあります。

　巧みなやり取りでは，カウンセラーはクライエントが父親を尊敬していることを，文字どおりに受けとめている。そのうえで，そのお父さんに「もし仮にたった1つ嫌なところがあるとしたら」何だろうか，と尋ねている。このカウンセラーの表現は，クライエントが父親を尊敬しているということを事実として受け入れ，まったくそこに挑戦を仕掛けていない。そのことは完全に認めたうえで，そこにごくささやかな例外がないものかを，非常に控えめに尋ねている。
　防衛を最初に話題に取り上げるときには，正面から挑戦を仕掛けるような構えではなく，まずはそれを支持するような構えで行うことが有効である。ワクテルは，このような話しかけ方の工夫を，「防衛の一時的な支持」と呼んでいる。

> ## *Column* ちょっとした言葉の工夫——その３
> [杉原保史]
>
> ◆「そのときあなたは何を考えていましたか？」
> 　この問いかけは，クライエントが主体的・能動的に考えていたことを問う
> ている。クライエントの心理的な問題が現れている場面についての問いかけ
> なら，そのような問い方で良いのかを，考えてみる必要がある。
>
> ◆「そのときあなたの心にはどんな考えが浮かんでいましたか？」
> 　この問いかけは，クライエントの心に勝手に浮かんでくる考えについて問
> うている。認知行動療法で言うところの「自動思考」を探索するには，この
> 問いかけ方のほうが適している。この問いかけはまた，クライエントの責任
> を軽くするような仕方で探索する，という指針にも適っている。

17.　おわりに

　カウンセラーにとっての言葉の表現の工夫には，挙げていけばまだまだ多
種多様なものがある。これらの工夫は，テキストカウンセリングに限らず，
対面のカウンセリングでも，電話カウンセリングでも大事なものである。と
はいえ，テキストカウンセリングは言葉がほぼすべてと言っていいくらい言
語的なものなので，言葉の表現の工夫の重要性は，対面のカウンセリングや
電話カウンセリングにおけるそれよりもはるかに大きい。

　テキストカウンセリングに従事するカウンセラーには，効果的な言葉の表
現をよく研究し，実践に活かしていくことが求められる。

【文献】
Chapman, A. H. (1978). *The treatment techniques of Harry Stack Sullivan.* Brunner/
　Mazel.［作田勉監訳（1979）．サリヴァン治療技法入門．星和書店］

Frank J. D. & Frank, J. B.（1991）. *Persuasion and healing: A comparative study of psychotherapy*. 3rd ed. John Hopkins University Press.［杉原保史訳（2007）. 説得と治療——心理療法の共通要因. 金剛出版］

Hillman, J.（1983）. *Healing fiction*. Spring Publications.

Wachtel, P.（2011）. *Therapeutic communication: Knowing what to say when*. 2nd ed. Guilford Press.［杉原保史訳（2014）. 心理療法家の言葉の技術——治療的コミュニケーションをひらく（第2版）. 金剛出版］

Chapter 3

テキストカウンセリングの基本プロセス

［長村明子］

　本章では，テキストカウンセリングが行われている実際の現場で，どのように心理支援がなされているかについて紹介する。文章のやり取りによる心理支援の構造や表現技術について，筆者の臨床経験を踏まえて説明しようと思う。

1. はじめに──クライエントの言葉から

「先生の手紙，しんどいときに読み返しているんです」

　テキストカウンセリングを開始してしばらく経った頃，あるクライエントからこんな一文が送られてきた。それまで対面や電話での心理支援の経験しかなかった私は，自分の言葉がセッション外でも引き続きクライエントへ影響していると知って驚いた。詳細を尋ねると，クライエントは私とのメールのやり取りの中から心に響いた文章を選び，スマートフォンに保存して，つらいときや苦しいときに，それを開いて読んでいるとのことだった。読むたびに，カウンセラーがそばについてくれているように感じることができるし，自分は一人ではないと勇気が湧いてくるのだと打ち明けてくれた。

　テキストカウンセリングは，相対するクライエントの姿が見えない中，表情も声のトーンも分からない状態で進んでいく。アサイン（担当決定）後，カウンセラーはまずクライエントから最初に送られてきた約2,000字程度の文章を読み込み，その中から，クライエントが今抱えている苦悩や葛藤，現在置かれている状況や，クライエントのパーソナリティを理解するための手

がかりなどを探す。綴られた言葉の背景にある，彼らの人生遍歴や過去・現在の情動体験に思いを馳せつつ，想像したり，共感したりしながら，クライエントへの返信を作成する。

　私の場合，初回の返信では，挨拶や簡単な自己紹介とともに，まずクライエントが書いた文章内容（現在の状況や感情・思考など）への受容や共感の言葉，次にそのような日々を何とかして乗り越えようと健闘するクライエントの行動への肯定，承認の言葉を選び添えている。さらに，より深く知りたいと感じたことや，支援のために必要だと思われる質問をすることもある。クライエントはカウンセラーから届けられた文章を読み，新たに心に浮かんだこと，もっと詳しく話したいことを書き留め，再びカウンセラーへ返信するのである。

　このように，テキストカウンセリングでは，カウンセラーとクライエントがまるで「文通」をするようにお互いの言葉を交わしながら，二人三脚でカウンセリングを進めていく。カウンセラーは，クライエントから得られた情報をもとに見立てを繰り返し組み立てており，必要であれば心理教育やワークの提供を伴いつつ，クライエントの抱えている問題の理解と解決への心理的サポートを目指して伴走する。

　対面や電話などのカウンセリングと大きく異なる点は，ノンバーバルな表現に頼ることなく，文章のやり取りだけで，情感を交えて心理支援を進めていかなくてはならないことである。このような性質を備えたテキストカウンセリングにおいて，カウンセラーに求められる対応スキルにはどのようなものがあるのだろうか。まずそれについて検討する。

2. テキストカウンセリングに求められる基本スキル

　テキストカウンセリングでは，初回から終結まで，クライエントが安心して葛藤や不安を打ち明け，カウンセラーと共に心の在り方を探究できるような「安全な場」の構築と保全が求められる。そのために，カウンセラーは会話をするように文章をやり取りしながら，受容と共感を重ねてクライエント

との間に信頼関係を構築していく。ときにはカウンセラー自身が感じたことや，季節の移り変わりの様子など，身の回りの出来事の雑談もまじえながら，クライエントが今抱えている気持ちを安心して書き出せるような「環境」を整えていく。

限られた文字数の文章から，その中に込められたクライエントの葛藤や不安を読み取り，伝え返す際，それを傾聴するカウンセラーの姿勢（相づちや感嘆，表情など）も文字にして伝えなければ，受容・共感的な文章としてクライエントへ届かない。ノンバーバルな情報は伝えられないので，カウンセラーの抱いた印象や感情，クライエントへの質問の背後にある意図，現時点での見立てなどをできるだけ正確に文字にしてクライエントへ伝えなければならず，そのためには一定以上の文章力が必要となる。

「読み込む」「謳（歌）いあげる」という日本語がある。辞書にはそれぞれの意味として，「よく読んで自分のものとすること」「文章などに自分の感情をうまく表現すること」と説明されている。テキストカウンセリングでは，伝統的な対面のカウンセリングの技術に加えて，この2つの能力が非常に重要な役割を担っていると考えられる。セッションの展開の中心となる介入技法は，担当するカウンセラーが拠る学派によって大きく異なるが，どのような学派の介入技法を用いるにせよ，「読み込む」能力と「謳い上げる」能力はテキストカウンセリングにおける共通の能力となる。この共通の能力には，以下の5つの基本スキルが関わっていると考える。以下，標準的なテキストカウンセリングのプロセスに沿って，これら5つの基本スキルを順に見ていこう。

(1) 情報収集と見立てスキル

(2) 受容・共感スキル

(3) 問題読解スキル

(4) 介入プランの構想スキル

(5) アグレッション対応・危機介入スキル

(1) 情報収集と見立てスキル

　対面や電話と同じく，テキストカウンセリングにおいても，見立てはセッションを支える屋台骨となる。カウンセラーは初回から2往復返信ぐらいまでの間に，クライエントの抱えている不安や葛藤の輪郭をつかむため，クライエントの文章を徹底して読み込んだり，適切な質問を重ねたりする必要がある。私の場合は，クライエントのパーソナリティとストレス要因（ストレッサー），今困っている症状や起きている問題行動に焦点を絞って情報収集を行い，見立てに役立てている。表3-1に情報収集と見立てのスキルの構成要素についてまとめた。

　パーソナリティについて見立てるとき，特に注目すべきだと考えているのが，文章から受けるクライエントの「印象」である。後の項でも詳しく述べるが，テキストカウンセリングでは文字表現による直面化や，返信が来るまでのタイムラグによって，「治療同盟の亀裂」が生じやすい。初回で得たこの「印象」が，そうした難しい状況を打開するための重要な鍵となることがある。

　「印象」の例を挙げてみよう。「……ですが」や「でも……」といった逆説の接続詞が多用されているメールの場合，その接続詞の前よりも後ろに綴られている感情や思考のほうが，クライエントにとって重要であるように感じられることが多い。そうしたメールでは，一見するとクライエントが合理的で冷静に物事を捉えているように見えるものの，その奥には抑圧された感

表3-1　情報収集と見立てスキルの構成要素

- クライエントの文章から，主訴と状況を理解する。
- クライエントのパーソナリティ，ストレス要因，困っている症状や問題行動を把握するための質問をする。
- クライエントがカウンセリングに求めているニーズ，抱えている課題，リソース（内的・環境的）や強みを把握するための質問をする。
- 文章内容だけではなく，クライエントからの返信の頻度や文章量，表現の変化に敏感に気づく。

情が隠されているように感じられたり，強い防衛や葛藤が生じている様子が
感じられたりすることがある。また，丁寧な言葉で綴られているメールに，
全体を通して過度にへりくだった様子や怯えた様子が感じられる場合もあ
る。言い切る言葉が多いメールでは，強い自我や信念が感じられることがあ
る。

　このようにメールからは，文面の直接的な内容とは別のところで，さまざ
まな「印象」が伝わってくる。クライエントが無意識に書き残す「文章のク
セ」は，セッションを通してカウンセラーの心に驚くほど深く豊かな「印象」
を残すものだ。

　文章が他者へ与える「印象」を備えるのは，カウンセラー側においても同
様である。たとえば，初回返信において，挨拶も名乗りもしないなどは論外
である。また，カウンセラーの聞きたい質問ばかりを重ねたり，まるでクラ
イエントの人生を見てきたかのように断定したりするなども，極力避けるべ
きである。普段私たちカウンセラーは，クリニックや相談室を訪れたクライ
エントを，挨拶もなく椅子に座ったまま出迎えることはない。不安な気持ち
で座っているクライエントを，一方的に質問攻めにしたり，その苦しさを勝
手に断定したり，さも分かったかのような態度を取ったりもしない。セッ
ションを通じて私が心がけているのは，話を聞いたカウンセラーの落ち着き
と思いやりが，クライエントに届くような文章表現である。そのためには，
受容的，共感的な傾聴の姿勢を伝える表現の工夫が必要となってくる。

(2) 受容・共感スキル

　カウンセリングの要ともいうべき「傾聴」の姿勢を，カウンセラーが文章
で表現してクライエントへ伝えるのは至難の技である。「あなたの話に聞き
入っていますよ」「真剣に聞いて理解しようとしています」ということをクラ
イエントへ伝えるため，私たちカウンセラーは普段対面ではどのような動き
をしているだろうか。

　相手の発する言葉の内容だけではなく，声のトーンや抑揚，表情の変化に
合わせてうなずいたり，目を合わせたり（または目を伏せたり），手を動かし

たりと，無意識のうちにこちらも身体全体で反応しているはずである。

　漫画の表現を例にとって考えてみよう。ある人の話し言葉（フキダシ）の次のコマで，対面している相手がうなずいている様子が描かれており，その横には「コクコク」「うんうん」といった擬態語が添えられているとしよう。この動作と気配（擬態語）を文章表現に変えて相手へ伝えなければならないと考えると，傾聴の姿勢を文章表現へ変える難しさが理解してもらえると思う。返信で「文章を読んでいます（コクコク）」などとそのまま書くわけにはいかないので，「今，あなたが書いてくれた文章を，うなずきつつ何度も読み返しています」などと記述して，自分の傾聴の様子を相手へ伝えるのである。

　このように，カウンセリングのなかで即時的に起こるノンバーバルな気配と様子を，一定の時間経過を経た文章で相手に伝えるのは非常に難しい。そこで，大切になってくるのが「受容・共感」を表す文章表現のスキルになる。表3-2に，受容・共感のスキルの構成要素をまとめた。

　クライエントの言葉を受けとめ，その感情に共感していることを伝える際にできる限り避けたいのが，相手の言葉をそのまま引用して繰り返す「オウム返し」の応答表現である。近年注目されている，SNSを使ったチャットカウンセリングでも報告されているとおり（宮田，2019），クライエントの言葉をそのままコピーペーストで引用し，そこにカウンセラーの応答を繋げる文章表現は，クライエントにとっては不快だと感じられることがある。自分の発言が何度も繰り返されているのを目にすることによって，バカにされている，いい加減に扱われていると感じて，いらだつ人もいる。できることなら，カウンセラーが感じ取った印象を含めながら，クライエントの感情の反

表3-2　受容・共感スキルの構成要素

●クライエントの性格を考慮して受容・共感を表現する。
●対面のセッションで行う傾聴の非言語的な要素を文章で表現する。
●クライエントの内的なリソースに注目し，肯定，承認，妥当化，正常化をする。
●バリエーション豊かな表現をする。
●応答する文章にカウンセラーの個性を反映させる。
●テキストカウンセリングの特徴を踏まえて，オウム返しを考慮して用いる。

射や要約をするのがよいだろう。もしくは「うん，うん」「なるほど」といった，相づちの応答表現をほどよく間に挟むことで，オウム返しの印象を防ぐことができる。

　テキストカウンセリングの受容と共感において留意すべき点は，もうひとつある。クライエントの話をありのままに聞いて受けとめるというカウンセラーの行動が，「時間をおいて（返信によって）」クライエントに伝わるという性質である。ただでさえ苦しい葛藤やつらい不安な気持ちを，第三者であるカウンセラーに吐露したのだから，その返答を待つ間，クライエントがどのような気持ちになるかは明白だろう。私の場合は，「大変つらい出来事をしっかりと振り返ってくださいましたね。書いてくださったことを繰り返し読みました」などの言葉を添えて，返信までの間にただ無意味に時間が過ぎたのではなく，この時間はカウンセラーがクライエントの苦しさや悲しみに共感し，受けとめていた時間であったことを，必ず伝え返すようにしている。

　また，返信の一番最初に，「今回○○というお気持ちを伝えてくださったことについて，しっかりと受けとめています」「どれほどのしんどさだっただろうかと考えながら一つ一つ拝見しました」「胸を強く圧されるような苦しさを覚えながらじっくりと読んでいます」「大切なお気持ちを何度も読み返して考えています」といったように，時間を経るからこそ活きてくる応答の表現を選ぶこともある。

(3) 問題読解スキル

　クライエントのパーソナリティや，周囲の環境がある程度明らかになってくるまで，約2～3往復のやり取りが必要となる。その後，カウンセラーは収集したさまざまな情報から得られた見立ての構築と並行して，クライエントが現在抱えている具体的な葛藤や課題といった「問題」を読み解くための作業へと移行する。過去から現在に至るまでのクライエントの状況を要約（整理）し，必要であればその状況・状態を改善するための心理教育やワークを提供しつつ，さらにどのような状態になっていくことが望ましいと感じるかについて，カウンセラーとクライエントとの間で合意できる目標を設定

表3-3　問題読解スキルの構成要素

●クライエントの主訴や葛藤・課題について要約（整理），明確化をする。
●クライエントの主訴や葛藤・課題について心理教育をする。
●クライエントの主訴や葛藤・課題についての目標を共有する。

する話し合いが進んでいく（表3-3）。

　この段階では，特にクライエントの返信に書き込まれる日々のエピソードに注目する。クライエントの何気ない日々を綴った文章には，特有の認知や感情，繰り返される対人パターンや対処行動が見つかることが多い。カウンセラーがそれに絡めた質問をしていくことで，クライエントが長年抱えてきた葛藤や課題について詳細な情報が得られ，理解が深まることがある。

　この段階でクライエントの中核的なテーマや外傷的な記憶について踏み込んだ質問をすることがあるが，クライエントの状態によりその対応は異なる。ここで必ず気をつけたいことは，以下の3点である。

　　①現在のクライエントの状態に合った内容と表現を心がける。
　　②事前にクライエントが過度の直面化を回避できるような声掛けをしておく。
　　③葛藤や不安に触れた際，クライエントからの「フィードバック」を見逃さず，必ず受けとめ，応答する。

　テキストカウンセリングで起きるデメリットのひとつが，文字にすること（外在化）によって引き起こされる，クライエントの葛藤への過度の直面化である。クライエントにとっては自身の不安や葛藤が文章として可視化・保存されるため，文面を読むたびに否応なしにそこに向き合わなければならず，心理的負荷が大きくなってしまう。そのため，カウンセラーはクライエントの状態に合わせた表現の発信を心がけ，事前に必ず，「今取り上げたくないなと感じられる内容は書かなくてもよいし，私の質問もスルーしてもらって大丈夫ですよ」「書いてみようとしたけれど，しんどくなってしまっ

た場合は，決して無理をせず，今そんな気持ちだとだけこちらへ伝えてくだ
さるとうれしいです」などと伝え，クライエントが自身の状態に合わせてい
つでも回答をやめられるということを，あらかじめ知らせておく必要がある。

　葛藤や不安について直面化したクライエントの反応はさまざまである。強
い怒りや悲しみ，不快感をそのまま表す人，回避するためあえて話題に触れ
ない人，普段使用しない言葉遣いや書籍からの引用をする人，「友人が……」
などの他者視点のエピソードで自分の本心を語る人，返信自体がなかなか
返ってこない人。そういったクライエントの言葉だけではなく，文体の変化
や返信の頻度など，すべての反応がクライエントからの大切な「フィード
バック」だと受けとめ，次の返信へとつないでいくことが必要である。

(4) 介入プランの構想スキル

　やり取りを重ねるうち，クライエントとカウンセラーの間には，徐々に信
頼関係と共通の課題認識が出来上がってくる。そこでカウンセラーは，クラ
イエントから「こんな状態になれると楽だ」と感じる目標や希望を聞き取っ
ていく。その際，カウンセラーに望むことも併せて聞き取る。そのうえで，
目標に向けた具体的な取り組みのプランをクライエントに提示し，理解と合
意を得てセッションを進めていく（表3-4）。

　定められた期間内にクライエントが目標とする状態や状況に到達できるよ
う，カウンセリングを進めていくために欠かせないのが，具体的な内容を備
えた介入プランである。介入プランは，科学的なエビデンスに裏付けられて
いるに越したことはないが，それよりもむしろ，クライエントのニーズに
沿ったものであること，そしてクライエント自身が納得したうえで，主体的
に取り組めるものであることが重要だ。

　この段階では，特にクライエントのパーソナリティを考慮しながらやり取

表3-4　介入プランの構想スキルの構成要素

●クライエントの反応を見ながら，目標やそこにアプローチする方法を修正
する。

りをすることが重要になる。たとえば，普段周囲の人間に対して自分を抑え
がちで，自己犠牲的な考え方や振る舞い方をするタイプのクライエントの場
合，カウンセラーが良かれと思って提示した方針について，本心では同意し
たくなくてもそれを言い出せず，無理をして返信を重ねてしまうかもしれな
い。その結果，突然中断になってしまうことも多い。クライエントが抱えて
いる対人パターンが，カウンセラーとの間でも再現されてしまうためである。

　また，受動的なコミュニケーションをしがちなクライエントのなかには，
カウンセリングはカウンセラーから「一方的に提供されるもの」だと認識し，
常時受け身の姿勢でアドバイスばかりを求める人もいる。他者から抑圧され
る環境で育ってきたクライエントのなかには，カウンセラーとの関係を上下
関係と捉えてしまい，カウンセラーに対して強い不安やアグレッションを表
出してくる人もいる（次項参照）。

　テキストカウンセリングでは，セッションのやり取りにおいて，介入プラ
ンの目的や説明，そこに至るまでの経緯が文章として残る。そのため，クラ
イエントはそうした内容を何度も目で確認することができる。「言った，言
わない」という水掛け論にはなりようがない。このように，後から見直して
確認できることは，テキストカウンセリングの強みである。また，こうした
強みを生かすことで，テキストカウンセリングならではの介入プランを立て
ることも可能である。

　たとえば，発話やコミュニケーションに困難を抱えるクライエントに，行
政の窓口などでカウンセラーの書いた文面を提示してもらい，相談や交渉の
ための資料としてもらうことを介入プランに組み込むことができる。カウン
セラーとの文章のやり取りの中に，勇気を奮い立たせる言葉や，安心できる
労いの言葉があれば，それをスマートフォンなどに保存してもらって，いつ
でも見られるようにしておくことを介入プランに組み込むこともできる。保
存が可能であり，何度でも読み返すことができることは，テキストカウンセ
リングの強みである。しかし，だからこそ，カウンセラーは曖昧な内容やい
い加減な言葉遣いをしないように気を配らなくてはいけない。

(5) アグレッション対応・危機介入スキル

　対面や電話のセッションと同様，テキストカウンセリングにおいても，クライエントとカウンセラーとの間には数多くの「危機」が訪れる。特に，心身ともに逼迫したつらい環境にある人や，パーソナリティ障害，愛着問題といった対人関係上の苦しさを抱える人，他責傾向が非常に強い人などにカウンセラーが伴走する際には，目標に至るまでの間に，数多くの難関を乗り越えなければならない。それゆえ，カウンセラーにはそのための特別な対応スキルが必要となる。クライエントから虐待やDVなどの加害や被害が告白された場合や，深刻で差し迫った自殺のおそれがある場合，あるいは特定の人物の生命が危険にさらされていると判断される場合には，カウンセラーはしかるべき機関へ通告，もしくは適切な相談機関へとクライエントをつながなくてはならない（表3-5）。

　文章表現のやり取りによって進むテキストカウンセリングでは，カウンセラーが発した言葉が刺激となって，クライエントに強い陰性感情が湧出することがある。クライエントが突然メールの中でカウンセラーに向けて強いアグレッションを表出したり，不満・不安を訴えたりしたとき，カウンセラーはこの危機を何とか乗り越えようと，くどくどした「言いわけ」に字数を費やしたり，さらに刺激するような質問を重ねて返答したり，クライエントの言葉をそのまま引用して安直な謝罪を添えたりしてしまいがちである。しかし，そうすることはたいていの場合，クライエントの怒りの火に油を注いでしまうだけである。

　クライエントからのアグレッションや不満・不安を受け取ったカウンセラーは，何よりもまず，それらに気づいたと示して取り上げることが重要である。怒りや不満・不安といった感情は，クライエントがセッションに対し

表3-5　アグレッション対応・危機介入スキルの構成要素

●虐待や自殺企図など緊急事案に適切に介入し，対処する。
●アグレッション，不満，不安の表現に適切に対応する。

て深く関わっているからこそ出現するものだと理解し，これらが伝えられることは相談への関与の表れとして積極的に受け取り，相談に活かしていくことが大切である。

　特にアグレッションについては，クライエントが怒っていることについて，率直かつ簡潔に謝罪することが望ましい。まったく謝罪をしなかったり，カウンセラーのほうからも怒りをあらわにしたりするなどは問題外だが，長々と大げさに謝罪の言葉を重ねるのもよくない。クライエントはカウンセラーを傷つけてしまった，関係を壊してしまったと，罪悪感を感じてしまうだろう。クライエントがアグレッションを表出した際には，カウンセラーは，適切な謝罪のうえで，カウンセリングは許しを乞うだけの場所ではなく，二人の間で起きた怒りの「意味」を探る場所でもあるという認識で臨むことが重要である。

3.　テキストカウンセリング表現集

　実際のテキストカウンセリングにおいてよく使用する表現を，以下に紹介しておく。セッションの流れに沿って，「相談開始前」「初回返信」「継続返信」「終結」の，4つの場面に分けて示す。

(1) 相談開始前

①挨拶と自己紹介

　セッション開始後，しばらく経ってもクライエントからの書き込みがない場合，クライエントは初めてのテキストカウンセリングで，自身の悩みをどこからどんなふうに書けばよいのか迷っているのかもしれない。そのような場合には，担当のカウンセラーから先に「挨拶文」を送ることがある。カウンセラーとしての経歴など適切な範囲での自己開示を織り交ぜて自己紹介を行う。

【挨拶文の例】

　はじめまして。担当カウンセラーの△△と申します。これまで児童相談所でお子さんやお母さん方のお悩みについて相談に乗ってきました。現在は教育の現場で公認心理師として働いています。今回テキストカウンセリングを申し込もうと思われたとのことですが，今抱えておられるお悩みについて，すぐに言葉にして書き出すことは本当に難しいですよね……。もし，どうすればいいのか分からない場合は，最近あった「心がしんどかったこと」や「悲しい気持ちになったこと」「モヤモヤしたこと」などについて書き出してみてください。もちろん「嬉しかったこと」「ホッとしたこと」などでも大丈夫です。

---

②枠の設定（頻度・時間・文章量）と「約束」

　経験的に言って，一般的なテキストカウンセリングでは，約2,000文字程度を上限とするのが適切であろう。この「文字数の上限」設定は非常に重要であり，できれば初回のやり取りのなかで，カウンセラーからクライエントに伝えて合意を得ておきたい。同様に，カウンセラーの返信を待たずにクライエントが連続投稿すると，次々に情報が出てくることで焦点が絞りにくくなってしまうため，1日あたりの投稿回数や返信の期限などのルールも併せて明確に取り決めておくことが望ましい。

　また，つらい状態にあるクライエントのなかには，「死にたい」という気持ちを抱える方も多く，最初に行動化（自死）しないという約束をしてもらうことがある。重要なのは，それほどまでにつらいというクライエントの気持ちを否定するものではなく，匿名利用によるオンラインのカウンセリングという性質上，クライエントの生命の危機に際して即時的な介入（警察への通報や救急車の手配など）ができないためであると，明確にクライエントへ伝えることである。

　以下に，利用ルールと，自傷・自死を行動化しない約束の文例を示す。

【利用ルールの例】

　カウンセリングを負担なく安全にご利用いただくにあたって，いくつかのルールをお知らせします。お互いの負担を考慮して，１回の返信は約2,000字程度を上限とします。１日にお送りいただくのは１通までとしましょう。送信いただいた時間から24時間以内に，カウンセラーよりお返事を差し上げます。

【自傷・自死を行動化しない約束についての例】

　書いてくださったつらい状況を拝見しました。現在，ご自身を傷つけたり，死にたくなったりするほどの，極めておつらい状況であると受け取っております。それゆえ，今の〇〇さんの状況では，まず医療機関の受診を含む対面での治療を優先していただきたいと考えております。オンラインカウンセリングは性質上，即時的に関わることができないため，〇〇さんに緊急の事態が起きた場合，素早い介入ができません。

　それを踏まえたうえで，ご利用されたいとご希望でしたら，「自傷行為，自殺行為を実行しない」というお約束をしていただく必要があります。現在のお気持ちや心身の状況のもとでお約束いただけますでしょうか？

(2) 初回返信

①主訴の確認

　自身の悩みや抱えている葛藤について，初めから明確に言語化できるクライエントは少ないものだ。「最近よく眠れず，落ち込むようになった」「仕事中に突然涙が出てきた」「訳もなく不安な気持ちになる」など，いつもとは違う身体や感情の変化がきっかけとなって，カウンセリングに来られる方もいる。カウンセラーは，クライエントの文章から可能な範囲で現況を理解し，整理して主訴の確認を行う。

【主訴について確認する例】
・さて，メールに書き込んでくださった文章を拝見しました。現在，〜
　な状況のもと，〜なお気持ちでいらっしゃることを，しっかりと受け
　止めております。
・書いてくださった文章から，〜でいらっしゃるように感じましたが，
　いかがでしょうか。〇〇さんが，今抱えていらっしゃる不安や苦しさ
　のもとになっているものを，カウンセリングで一緒に見つめ，考える
　場にしたいと思っております。

②初回の情報収集（質問）

　クライエントの情報収集を行うにあたって，テキストカウンセリングの場
合，申込みの時点で判明しているのは通常，「性別」と「年代」，「ハンドル
ネーム（匿名）」だけである。この他にも，できれば早い段階でカウンセラー
が知っておきたいクライエントの情報としては，以下のようなものが挙げら
れる。

　　●相談歴や通院歴と既往症の問題の有無（過去・現在）
　　●服用している処方薬
　　●睡眠時間と内容，食欲の有無

【インテークにおける質問の例】
・差し支えなければ，現在の体調のご様子などをうかがってもよろしい
　でしょうか？　一日の睡眠時間や，食欲などについてはいかがでしょ
　うか。身体や心のことがおつらくて通院されている場合も，お知らせ
　いただけるとサポートしやすくなります。
・文中にお薬を服用されていると書かれていましたが，〇〇さんがよろ
　しければ，処方薬名などをお教えいただけると助かります。

③受容と共感，肯定と承認

　クライエントの文章を読み込み，そこに書き出されているさまざまな出来事や感情，思考について受容と共感を重ねるには，「カウンセラーはクライエントの体験・体感をそのままに聴き，受け入れていますよ」と，文字で伝えることが重要になる。特に外傷的な記憶に代表されるような，クライエントにとって耐えがたいと思われる出来事については，カウンセラー自身の不安や焦りから，早急な慰めや要約，解決策などを書き連ねるのではなく，一緒にその不安を感じ，落ち着いてその不安に留まっている姿勢をカウンセラーから示すような表現が必要だ。

　併せて，受容や共感だけではなく，文中に綴られているクライエントの内的なリソースに着目し，それを認めて積極的に勇気づけることもしていくようにしたい。

【クライエントの思考や価値観をそのままに受け入れる表現例】

・○○さんが〜と書いてくださったお気持ちについて，そのまま受け止めています。

・〜という言葉を何度も読み返して，大切に受け止めています。

・○○さんの〜という考えを大切にしたいと思いました。

・〜とうかがって，それがどれほどの（怒り，悲しみ，悔しさ，喜び）かと，しっかりと受け取っています。

・〜と思われるのも無理はない（自然なことだ）と感じています。

・とても苦しい体験を，勇気を出して書いてくださった今のお気持ちを，しっかりと受け止めています。

【クライエントの情動体験に焦点を当てて聴く表現例】

・○○さんがつらいと感じるとき，心にどんなセリフが浮かびますか？

・〜と強く感じられたとき，何か身体に感じる変化はありましたか？

・○○さんの〜というお話をうかがって，ふと〜というイメージが浮か

びましたが，それを聞いてどんなお気持ちになられるでしょうか？

・〜という部分に，〇〇さんの相反するお気持ちがあるように感じましたが，いかがですか？

【カウンセラーがクライエントの感情を感じ取り，伝えようとする表現例】

・書いてくださった言葉の数々から，どれも耐えがたいほどの息苦しさが伝わってきました。

・これは恐ろしかったでしょう……。〇〇さんにとってどれほどの恐怖だったかと感じながら，すべて拝見しました。

・〜と書いてくださった状況を想像して，胸が詰まる思いです。

・〇〇さんの〜というまなざし（視線）の根っこにあるお気持ちを考えています。

・〜とうかがって，何だか私まで誇らしいような気持ちになっています。

・読みながら思わず声が出てしまいました。これほどひどい言葉をぶつけられたら，そう感じられるのも無理はありません……驚いています。

・まるで狭く長いトンネルからようやく太陽の下に抜け出せたときの全身がゆるむような，心底ホッとした気持ちを感じました。

・お申込み時に書いてくださった文章ですが，今回書いてくださった内容と一緒に，しっかりと拝見しています。どちらも，〇〇さんが幼い頃から現在までの長い間，どれほどの我慢の連続の中で過ごしてこられたかを思いながら，一字一句を読んでお気持ちを受け取っています。周囲から与えられてきた圧迫感や抱えられた苦しさは，相当なものだったのではないかと強く感じています。

【肯定と承認の表現例】

・〇〇さんの行動で素晴らしいなと思ったのは，地元を離れて親の影響

が届かないように努力されて，距離を取られてきたことです。実家から距離を取りたい，自分の思うようにのびのびと生きたいと強く願う一方で，与えられてきた価値観から外れて自由に自分らしく生きることに大きな不安を感じていらっしゃることは，〇〇さんがこれまで生き抜いてこられた生活環境を考えると無理もないことだと，そのまま受け止めています。

・（クライエントの行動を挙げて）ずっとそのようにお一人で頑張ってこられたのですね。本当につらかったですね……。

④傾聴の姿勢を伝える応答

　対面時には無意識に行っている相づちやうなずきを，応答の文章で再現しようとすると，途端に「台本のセリフ」のようになってしまう。単純な反射（オウム返し）を避けるためにも，クライエントに一言断ったうえで引用したり，そこに相づちを付け加えたりすると，自然な流れで応答している印象になる。

【相づち，反射（文の引用）例】
・「うん，うん」「なるほど……」「そうでしたか……」「そんなことが……」「ええ……」
・大切なことなので，以下に引用させてください（と断ってから引用文をコピー・ペースト）
・（引用文の後に）なるほど……そんなお気持ちだったんですね……

（3）継続返信

①問題読解のフィードバックと展望

　クライエントが書いた文面を読み込んで，その内容を整理・要約しつつ，そこでカウンセラーが感じ取ったもの，理解したものをクライエントへフィードバックする。クライエントの言葉をただ簡潔にまとめて返すだけで

なく，カウンセラー自身の見立てを含めて伝えることで，クライエントにとってはさらに深く自分の内面を理解し，探究するきっかけとなることが多い。

> 【問題読解のフィードバックの例】
> ・○○さんにとって，時間とは他者から徹底して管理されるもので，自分で自由に使ったり好きなことをして楽しむものではなかったんですね。
> ・○○さんのお話をうかがっていると，やりきれなさとともに，誰にもぶつけることができない怒りが伝わってきます。できることなら，その相手を大声で怒鳴りつけてやりたかったですね。
> ・書いてもらった大切なお気持ちを拝見していると，○○さんがご自身の欲求や感情を優先することに，どこか強い罪悪感を持っておられるのかなと感じましたが，いかがでしょうか。
> ・家族のために精一杯努力されてきた何年もの長い間，○○さんはずっとこの苦しさを抱えながら，たった一人で家族を支えてこられたんですね……。もしかすると，自分が手を離したら，家族がバラバラになってしまうかもしれないと思うような，大きな恐怖がおありだったでしょうか。

②介入アプローチ

　クライエントとの間で共に目標とする状態が定まると，その到達のために具体的な内容を備えた介入プランが必要となる。それは心理教育であったり，適切だと思われるワークであったりとさまざまである。どのような介入にも共通するのは，今，なぜその知識やワークが必要なのかについてカウンセラーからしっかりとクライエントへ説明がなされることと，クライエントがそれに同意して自ら取り組もうという意思を持つことが重要である。

【これから取り組む作業への説明と合意を尋ねる例】

・今回〇〇さんは，「このままではまた親の思惑どおりに動かされてしまう」と感じたことを伝えてくださいましたね。ここでは，幼い頃から刷り込み，押し付けられてきた価値観に対して，〇〇さんが心の底から思う感情やご経験について語っていただくことができます。

・ご自身の心から出る言葉をカウンセラーと一緒に見つめることで，親から押し付けられてきた考えや価値観と，ご自身の中から湧いてきた思いや欲求や感情などを，じっくり整理してみるのはいかがでしょうか？

【セルフモニタリングを取り入れた例】

　カウンセリングでは，〇〇さんが身の回りの人に対して抱えた気持ちは，一見どんなネガティブなものでも，すべて〇〇さんにとって意味のある大切なものだと考えます。

　今回挙げてくださったような，ご自身の心から自然と出る言葉や思考を意識して見つめてもらうことを「セルフモニタリング」と言います。

　日常生活でストレスを感じたり，嫌な気分になったとき，そのときの状況や感情，思考，気分，身体の反応，行動について記録して，自分の状態を観察し理解する方法です。

　このカウンセリングでは，今回のように気持ちを文章に書き出してもらって，カウンセラーと一緒に見つめることができますが，いかがでしょうか？

　やってみようかな？と思われたら，以下のことについて考えてみてください。「いや，ちょっとやめとこう」でも大丈夫ですよ。もしご興味がおありであれば，まずは，特定の誰かのことで何かモヤモヤとしたとき，それから不安になったり，悲しい気持ちでいっぱいになられたときなどを思い出してもらって，次の4点について書き出してみてください。

①その時の状況。

②どんな考えが頭に浮かんでいたか。

③身体の変化（血の気が引く，カーッと熱くなる，脱力するなど）。

④その結果何をしたか（または何をしなかったか）。

　誰かの言動によって○○さんが苦しい気持ちになったときは，このセルフモニタリングを通して，自分の大切な心の領域に侵入するものを明確にしていきましょう。そのうえで，一緒に考えて，自分と他者との間にしっかりと境界線を引く練習をしていきましょう。

【マルトリートメントに関する心理教育の例】

　世間一般では，殴る蹴る，ネグレクト，性的な暴力を行うといった間違った行動に対して「虐待」だと目を光らせる一方で，○○さんが受けたような「自由を極端に制約する養育」については，「子どものことを思ってしたこと」「教育熱心な親の態度」だとして見過ごされてしまいがちです。

　親側にまったく加害の意図がなかったとしても，結果的に子どもの自由な時間を制限し，過度に干渉することで心と身体の健全な成長を阻む不適切な関わりのことを，マルトリートメント（不適切な養育）と言います。○○さんが書いてくださったように，幼い頃から親側の一方的な価値観の押し付けによって自由な時間や交友・恋愛関係を制限されたり，自分の人生にまつわる大切な決断を勝手にされてしまったりすること，親の不機嫌な態度によって子どもを支配しようとすることも，すべてこのマルトリートメントにあたります。

（4）終結

①期間の終了，または終結に向けて

　クライエントによっては，カウンセリング期間が終了もしくは終結するこ

とに，大きな不安や寂しさを感じることがある。そのため，期間終了よりも何通か前のタイミングでセッションの終了を知らせ，クライエントに振り返りを促し，共に最後まで感情に向き合うことが有用である。このとき，カウンセラーへのフィードバックとして，カウンセリングセッションの正直な感想について尋ねてみてもよいかと思う。テキストでのやり取りでは，対面でやり取りする場合よりも，カウンセラーへの注文や不満がよりはっきり語られる。「もっとこの部分について深く掘り下げてほしかった」とか，「カウンセラーを怒らせるかもと気になってあまり本音が書けなかった」などの率直な意見をもらうこともあり，カウンセラーにとっても大きな学びとなることが多い。

【期間の終了を知らせる表現例】

　約1カ月間という短い間でしたが，次の一往復でひとまず終了となります。この1カ月を振り返ってみて，○○さんはどんなお気持ちになられるでしょうか。

　また，もし良ければこのカウンセリングについて，"もっとこうしてほしかった"など，カウンセラーへのご感想やご意見があればぜひ教えてください。

4. 対応が難しい状況について

　ここでは，テキストカウンセリングで対応が難しい特殊な状況をいくつか挙げて，それぞれ簡単に考察を加えておきたい。

　以下のような状況では，カウンセラーは対応に苦慮しがちであり，対応を間違うとクライエントの状態を悪化させてしまったり，カウンセラーに対する苦情や職業倫理上の問題の訴えに至ったりすることもありうる。そのため，カウンセラーにとって対応がストレスとなることもある。難しい状況が続いたり，エスカレートしたりしてストレスが持続する場合には，カウンセラーのバーンアウトに結びつくこともある。こうした状況では，一人で抱え

込まず，職業的な秘密を守る立場にある同僚に相談したり，スーパーバイ
ザーに相談したりすることが有用である。

(1) 対決型の治療同盟の亀裂
──アグレッション・不満の表明・離脱の示唆・低評価

　テキストカウンセリングにおけるクライエントとカウンセラーの関係にお
いて，初回から終結までの間に，一度も緊張状態に陥ることがないままセッ
ションが進むことは稀である。日々のやり取りの中では，アグレッションと
不満の表明という形での，治療同盟の亀裂がよく見られる。そうした治療同
盟の亀裂は，「対決型の亀裂」と呼ばれる。これはカウンセラーに対して直接
的に表現されることもあれば，「第三者」の話（たとえば「無能な医療従事
者」の話など）として，婉曲に表現されることもある。このように，カウン
セリング中にクライエントから強いアグレッションや不満を表明されたカウ
ンセラーは，努めて冷静に対応しようとするあまり，クライエントの怒りや
不満を取り上げずに謝罪だけをしたり，話の先を急いだり，的外れな言いわ
けや解釈をしてさらに怒らせてしまいがちである。対処法としては，この怒
りや不満はクライエントからカウンセラーに対する重要な「意思表示」だと
捉えているとクライエントに伝えて，さらに深く話し合うことである。

　また，クライエントから，「もうカウンセリングをやめたい」「こんなカウ
ンセリングには受ける意味がない」などと，離脱の示唆や低く評価する内容
が送られてくることもある。この場合も安直に受け入れて終了するのではな
く，そのクライエントが離脱の可能性をもって本当に伝えたかったことを探
る言葉がけをしたい。たとえば「もっと違ったやり取りができていたら，カ
ウンセリングを続けたかったというようなことはおありでしょうか？もしそ
うだったらぜひ教えていただけませんか？」といった具合である。

(2) 境界性パーソナリティ障害傾向の方への対応
──強い思い込み・試し行動・こきおろし

　対人関係の不安定性および過敏性，自己像の不安定性，極度の気分変動，

　ならびに衝動性の広汎なパターン，といった特性を備えている境界性パーソナリティ障害（BPD）の傾向があると推測されるクライエントにとって，枠の設定が弱く時間的な制約のない（好きなときに書き込める，タイムラグがある）テキストカウンセリングは，その症状の改善には向かないことが多いだろう。とはいえ，こうしたクライエントは，週に1回といった通常の対面のカウンセリングの頻度では気分を安定させることが難しいことが多く，好きなときにいつでも書き込めるテキストカウンセリングを支えとして求めてくることも多い。最初からこうした傾向があると分かっている場合には，丁寧に説明して引き受けないようにするか，引き受ける場合でも対面等による話すカウンセリングとの併用を勧めるのが妥当であろう。

　特に見捨てられ不安が強く，気分変動時のつらい状態にあるBPDクライエントは，カウンセラーは本当に信じられる存在なのだろうかと猜疑的になることがある。そのようなとき，カウンセラーの使用する単語や表現の細かなニュアンス，文章量や返信時間などに，「カウンセラーの本心」を見出そうとすることがある。クライエントは，カウンセラーを頼りにし，依存すればするほど，嫌われて見捨てられるのではと不安でたまらなくなり，その不安による揺れによって非常に苦しめられる。カウンセラーから嫌われていると思い込むことで，揺れはなくなり安定するため，こうした思い込みを強化させることで，この苦しさに対処しようとすることがある。例を挙げると，「（カウンセラーが綴った言葉を指して）この言葉はきっと私のことを非難しているんでしょう」「前回の返信よりも短い文章だったので，もう先生は私のことなどどうでもいいと思っていることが分かりました」などと，カウンセラーがどのように自分を扱っているのかについての強い思い込みを表明するのである。

　また，信頼に足るかどうかを判断するための試し行動のひとつとして，連続する投稿内容への即時的な反応を求められることがある。あるいは，価値化から一転して脱価値化（こき下ろし）が起きた場合に，クライエントからカウンセラーへ攻撃的な文章が送られることがある。こういう場合，カウンセラーは応答するたびにクライエントの苛烈な反応に接して疲弊してしま

う。対処法としては，BPD についての心理教育を行うことに加えて，クライ
エントがよく陥ると推測される対人関係のパターンがカウンセラーとの間で
起きていることについて話し合う。その他にも曖昧な言い回しや両義的な言
葉遣いをやめる，受けとりやすいようにカウンセラーの伝えたいことを箇条
書きにする，などの工夫が挙げられる。

(3) DV・虐待など通告義務事案

　児童虐待や DV，老人・障害者虐待の被害，もしくは加害の告白がクライ
エントからあった場合，守秘義務の遵守よりも通告義務が優先される。本来
ならばしかるべき行政・福祉機関へ通告することが望まれるが，匿名性の高
いテキストカウンセリングにおいては，現実的に対処することは非常に難し
い問題となっている。

　自己申告された居住地も不確かな場合があるため，緊急性が高いと判断さ
れた場合は，児童虐待の場合「189（日本国内で近くの児童相談所に繋がるダ
イヤル）」へ，DV の場合「DV 相談ナビ：#8008（最寄りの配偶者暴力相談
支援センターにつながるダイヤル）」へ，クライエント本人から連絡を取っ
てもらうようにしている。高齢者虐待の場合，「お住まいの自治体名　高齢
者虐待　相談」をインターネット検索のワードとして提示し，ヒットしたサ
イトの中から適切な相談機関に連絡を取るよう勧める場合もある。障害者虐
待の場合も同様である。

(4) 希死念慮・自傷行為

　クライエントの生命の安全性に関して高リスクだと判断するべきなのが，
抑うつ状態にあるクライエントが自傷・希死念慮を報告する場合である。
「死にたい」という気持ち自体はしっかりと受けとめるが，「死に場所を見つ
けました。明日決行します」などの予告がされるなど，具体的な自死の方策
段階まで進んでいる場合には，生命保護の原則に従って危機介入を行い，言
葉による行動の抑止をすることになる。

　また，リストカットやアームカット，OD（過量服薬）といった自傷行為

や，希死念慮の訴えを持つクライエントに対しても同様に，生命の危険があることを伝え，第三者の力を借りる方向へと，ケースワークに切り替えて対応することがある。切迫したクライエントの状況が書き込まれるたびに，カウンセラーも大きな不安を抱えることとなるため，申込みや初回返信の段階で「自傷・自死を行動化しない約束」をしてもらうことが有効だろう。

(5) 依存・性被害の告白

　依存といえば，その代表格として薬物やアルコール，ギャンブルなどが挙げられていたが，近年は情報端末デバイスの浸透によって起きる，ゲーム依存にも注目が集まっている。依存状態にあるとクライエントが気づかないまま，テキストカウンセリングを利用することがあるため，日常の苦しさを受けとめつつ，やり取りの中で依存や治療過程に関する心理教育を行ったうえで，専門機関へつながれるように情報提供するのが望ましいだろう。依存症患者による自助グループの紹介なども，できれば併せて行いたい。

　性被害については，男女や年齢の別を問わず告白されることがあり，また告白に至るまでの時間経過も，発生直後から数十年というように幅広いため，それぞれのケースに合った丁寧な対応が求められる。被害発生から間もない場合は，身の安全について確認し，速やかに「#8103（各都道府県警察の性犯罪被害相談電話につながる全国共通番号）」や，「#8891（性犯罪・性暴力被害者のためのワンストップ支援センター）https://www.gender.go.jp/policy/no_violence/seibouryoku/consult.html」を伝えるなど，まずはクライエントが安全でリアルなサポートへつながることのできる連絡先を提供することが大事である。

　恐怖体験による急性ストレス反応が起きていることも多いため，現状の苦しさをしっかりと受容するとともに，クライエントの心身に起きていることを説明し，医療・支援センターにつながる重要性を伝える。被害発生時から時間が経っている告白については，まず今そのことについてカウンセリングの場で表明された気持ちをしっかりと受容する。これまでその事実を抱えてきた苦しさと，今告白することがどれほど勇気のいることかについて理解し

ていることを，クライエントへ伝えることが重要である。

【性被害を告白したクライエントへの応答例】

　苦しい記憶をよく話してくださいました。お話してくださった内容とお気持ちについて，まるごと受けとめていますから，安心して力を抜いてくださいね。この場でお話いただくことがどれだけ勇気のいることか，よく理解しています。

　〇〇さんの記憶についてコメントする前に，お知らせしておきたいことがあります。性被害のサバイバーの多くが，「普通のフリをしているけど私はみんなと違う」「自分に悪い所があったからだ」と思いながら，つらい日々を過ごしていることを報告しています。

　〇〇さんが抱えて苦しんでこられた体験や感情は〇〇さんのものですが，〇〇さんと同じような苦しい体験をした人には，共通して見られる「傷ついた心を守る心の働き」というものがあります。

〈性被害の後，激しい自責や自傷行為のあるクライエントには，分かりやすく心理教育を行う〉（例：クライエントの落ち度などではないこと。被害体験のなかで発生する思考や認知は，自分の命を守り生き延びるための心の動きであること。ここはそういったことを安全に話してもらえる場であること）

　〇〇さんが「……」と書いてくださった気持ちを，そのまましっかりと受け取っています。ずっと心を痛めて傷つきながらここまで頑張ってこられたこと，これから向き合っていこうとされている勇気について，全力で応援したいと思います。

5．　まとめ

　以上，本章においては，テキストカウンセリングの実際の場面で必要となる基本スキルに加え，カウンセリングの経過におけるそれぞれの時期におい

て，必要となる働きかけや，カウンセラーにとってストレスに感じられやすい困難場面への対応について検討してきた。それぞれに関して実際の場面で役立つ例文をわずかではあるが挙げてみた。

　テキストカウンセリングという言葉自体が，世間にそれほど知られているわけでもない現状においては，文章のやり取りによる心理援助は，対面や電話に比べてどこか「補助的な役割」「サポートの一形態」にすぎないものとされがちだが，はたしてそのような位置づけでよいのだろうか。テキストカウンセリングは，多くの人の日常の一部として，生活に入り込んでいける可能性があるものだと考える。

　目を凝らすと，私たちの日常は，溢れんばかりの「文字」によって彩られていることが分かる。胸を打たれる歌詞や，大切な人からのメール，お気に入りの漫画や小説のセリフ，気になるツイート……。誰かの手元から放たれた文字は，場所も時間も越えて，受けとった私たちの心を揺り動かしている。カウンセラーの心から綴られた言葉もまた，クライエントの心へ届くと信じている。

　私が心理援助者としてテキストカウンセリングに臨む際，胸に留めている想いがある。それは，クライエントの苦しみや不安に寄り添い伴走するために必要なのは，必ずしも技巧に優れた表現ではないということだ。むしろ，クライエントの人生への尊敬の念や，何とかして役に立ちたいと思うカウンセラーの強い願いが，きちんと相手に届く表現こそが必要なのである。

【文献】
宮田智基（2019）. SNS カウンセリングの進め方と基本スキル. 杉原保史・宮田智基編　SNS カウンセリングハンドブック. 誠信書房

第Ⅱ部　事例編

　　第Ⅱ部では６つの事例を紹介する。それぞれの事例で，クライエントからの１通のメールと，それに対するカウンセラーの返信を提示する。その後，カウンセラーがその返信について解説する。

　　これらの事例は，いずれも創作された架空事例であることをお断りしておく。とはいえ，いずれの事例も豊富な実践経験に基づいて創作されたもので，リアリティのあるものである。

　　ここでの事例の提示は，クライエントからのメールの文面を提示するところから始めている。実際には，クライエントはこのように相談メールを書く以前に，メールカウンセリングのホームページの説明を読み，相談にあたっての注意事項を読み，理解したうえでメールカウンセリングを申し込んでいる。

　　注意事項には，相談における秘密の扱いをはじめ，推奨される文字数，やり取りの頻度などが書かれている。また，メンタルヘルス上の問題で医療を受診中であるか，希死念慮があるかどうかといった質問と，それらの場合の注意事項の伝達も，事前に行われている。

　　読者も，それぞれの相談メールに対して，自分ならどのように返信するかを考え，返信の文章を考えてみてほしい。それぞれの事例で示されている返信は，メールカウンセリングの経験が豊富なカウンセラーによる返信であり，ありうるひとつの返信の案である。当然のことながら，こうした返信に唯一の正解はないし，唯一の模範もない。大事なのは，相談メールを読み込み，クライエントの問題や状況を理解し，専門的な視点からの一定の方針をもって返信メールを作ることである。

　　以上を踏まえて６つの事例をお読みいただき，実践の参考にしてほしい。

Case A

パワハラと見なされた悔しさ

［本田山郁子］

クライエント概要：A さん（60代男性），会社員
状況：カウンセリングを開始して初めて送られてきたメール

 相談メール

〇〇カウンセラー様

はじめまして，どうぞよろしくお願いします。当方60代の会社員です。このようなサービスを利用するのは初めてでして，ましてや女性の先生にどのようにお話をすればいいのかと若干迷っております。まずは私の現況を以下にまとめてみました。

そこそこ名の知れた印刷会社の情報システム部に勤務しております。40代のとき，中途転職してから現在まで約20年間にわたって SE 職として勤務して参りました。詳しい仕事内容は省きますが，部内では基本的に技術者一人一人が独立してシステムの管理と開発に携わっております。来年度，同業大手との合併の話が進んでおり，そこから出向してきた30代の若手と一緒に働くようになってから，この男と衝突することが増えて困ってます。自分の子どもと同じぐらい年が離れており，こいつが口を開けば職場への不満と屁理屈ばかりの奴で，それを聞いているとどうにも頭がカーっとして，つい強い口調で叱り飛ばしてしまいます。この

男に限らず若手らは手を抜くことばかりを考えているようで，責任感などは微塵もありません。不備を問い詰めても素直に非を認めようとはせず，言い逃ればかりで呆れます。

実は今日，人事本部長より呼び出しがあって，部下への「恫喝」をやめるようにと注意勧告を受けました。私としては正当な理由のある叱責・指導であり，「恫喝」などと暴力的に形容されたことは，まったく納得できませんし，猛烈に腹が立っております。今や何でもかんでもパワハラだ，セクハラだと言ったもん勝ちですよ，本当に！　嫌な世界になったもんです。上役から一方的に責められてとんだ恥をかきました。定年を前にして，これまで会社のために自分を犠牲にしてでも働いてきた自分の人生はいったい何だったのだという気持ちでいっぱいです。

私は幼い頃から非常に厳しい父親の躾のもとで努力を重ねて周囲に認められてきました。日に十何時間と勉強し続けていたので，高校では3年間常に県内トップの成績であり，国立大学を優秀な成績で出ております。身を削って頑張って生きてきた私からすると，手を抜いて楽をしたりへらへらと好きなことばかりしているような人は到底信用できませんし，なぜだか猛烈な怒りを感じます。家庭では，子どもたちは早くに独立して家を出ており，妻と二人暮らしですが，特に問題はありません。心理のプロフェッショナルである先生から，何か対応策や解決に向かうようなアドバイスをいただけますと有難く思います。

 ## クライエントへの返信メール

Aさん
はじめまして。カウンセラーの○○と申します。

とても大変な状況のなか，ご相談いただきありがとうございます。

また，Aさんの状況を簡潔にご説明いただきありがとうございます。

長年にわたりSE職として，厳しい社会経済情勢のなか，勤務を続けて
こられたとのこと，人には言えないご苦労も多々おありであったかと頭
が下がります。

そのようなご苦労のなか，「同業大手との合併の話が進み」「そこから出
向してきた30代の若手」の方とご一緒に仕事をしなければいけない環境
になってしまったことは，なんとも複雑な思いになられることだろうと
推察します。

その若手の方から「口を開けば職場への不満と屁理屈」ばかり聞かされ
るとなると，心穏やかではいられないのは当然のことかと思います。

そのようなお気持ちのところに，「人事本部長より呼び出しがあって，
部下への『恫喝』をやめるようにと注意勧告を受け」たことは，寝耳に
水の驚きであったのではと推察いたします。

Aさんにとって「正当な理由のある叱責・指導」であったはずの言動が，
人事本部長さんにとっては「恫喝」と理解されてしまった経緯はいった
いどのようなものなのか，どなたがどのように状況を理解し人事本部長
さんに報告したのか，その点について，Aさんがお聞きになっている範
囲でお教えいただければ助かります。

また，今回，お伝えいただいたAさんの思いは，Aさんだけにかぎら
ず，この数十年の社会情勢の変化のなかで多くの中高年世代に共通する
思いではないかと推察します。高度経済成長がバブルではじけ，その後
25年以上にわたるデフレ下で，職場環境も大きく変化しました。かつて
は「セクハラ・パワハラ」という言葉はなく，「24時間働けますか」とい

うビタミンドリンク剤のコマーシャルが流れるなど，「頑張ること」は美徳以外の何ものでもないと考えられていた時期がありました。そうした時代の空気感を吸収して生きてきた世代にとって，今回のようなことがありますと，「会社のために自分を犠牲にしてでも働いて来た自分の人生はいったい何だったのだ」というお気持ちになるのは，Aさんだけではないと思います。Aさんが非常な努力家であり，ご家族や会社のために「身を削って頑張って生きて」こられたことを考えますと，今回の人事本部長さんからの注意勧告に対して，どうしようもない怒りが湧いてくることは，自然なことです。怒りの感情というものは，そのようにして自分の心を守ろうとする，実はとても大切な感情です。とはいえ，現実の人間関係において怒るということは，とてもエネルギーを消費します。Aさんにとってもそうであるように怒った後はとても疲れ，どこか後味の悪さが残り，相手にとっても決して心地よいものではありません。加えて，今回のように大きな誤解を生じさせてしまうという難しさを持ち合わせています。

どこでどのような行き違いが生じてこのような状況になってしまったのか，まずは，上記にも書かせていただきましたように，どのような経緯で人事本部長さんが注意勧告するということになったのかをお聞かせいただきながら，今後の対応につきましてご一緒に考えさせていただければと存じます。

すでに，Aさんがご自身でお考えになっておられる対応策などもおありかもしれません。

Aさんのご意見もお聞かせいただきつつ，お話し合いを進めさせていただければと考えております。

ご質問ばかりになり恐縮です。ご不明な点，疑問点等ありましたら，ご

遠慮なくお尋ねください。

それではどうぞよろしくお願いいたします。

○○（署名）
追伸：このような出来事がありますと，食欲が落ちる，眠れないなど体にも負担がかかり，つらくなる場合もあります。

睡眠の質を良くするためにぬるめのお湯にゆっくりつかるなど，体の緊張感を和らげていただければと思います。ご無理なさいませんように。

 ## 返信メールの解説

(1) 問題の見立て

　メールカウンセリングの枠組みとして，1つの話題について2～3往復のやり取りを行い，より複雑な課題では，その小さなやり取りを重ねて問題解決を目指すことが想定される。対面カウンセリングとの単純な換算は出来ないものの，2～3往復のやり取りで対面カウンセリング1回分くらいのイメージがある。その枠組みから，初回返信文は対応策や解決を提示することが目的ではなく，「話し合う」信頼関係を構築することが目的となる。

　Aさんのパーソナリティと，今回起きた出来事についての仮説は，以下のとおりである。

　Aさんは父親の厳しい躾の下，弱音を吐かず何事も我慢することが美徳である，という価値観を身につけて育っている。また，知的レベルが高く努力家でもあり，そういう自分に強い自負心を持ち，他者に対してもその厳しい規範に基づいた行動を求めがちである。そのようなAさんにとって，「30代の若手」が，Aさんの求める価値観，行動規範に合わない言動を繰り返すことは受け入れ難いことである。同時に，その若手の言動によって引き起こされた怒りの感情を，他者と語り合って消化することが困難で，結果として感

情のコントロールに失敗し,「恫喝」と理解される言動が繰り返されたと考えられる。

　相談文では,自身の行動に正当な理由があるにもかかわらず,理不尽な対応を受けたことへの怒りの感情が前面に出ているが,なぜそこまで強い怒りの感情が生まれるのかという疑問も口にしている。全体の文意からも,起きた出来事を振り返り,状況を改善したいという意思と内省力があると推測される。

　上記のアセスメントから,このカウンセリングでは,Aさんの「理不尽な対応を受けた」という傷つき体験と,「コントロールしがたい怒りの感情」について話し合い,傷ついた自尊心を回復し自己理解を深めることで,Aさんの職場でのハラスメントにつながる言動への対応策を見出し,解決に向かう行動変容を促すことが目標である。

(2) 返信文について

　以下,返信文に沿って,Aさんの文意をどのように理解し,それに対してカウンセラーが何を目的に,どのように応答したかを説明する。

①信頼関係の構築

　最初に,簡潔に自己紹介と挨拶,信頼して心を開いてくれたことへのお礼を伝える。

　次に,「私の現況を以下にまとめました」との言葉にある,激しい怒りや混乱の中で冷静に状況を説明しようするAさんの努力に敬意を表して重ねて謝辞を伝えている。「女性の先生にどのようにお話をすればいいのかと若干迷っております」との表現からは,女性に相談することで母親に頼っていた弱い子どもの立場に戻り,これまで築き上げてきた男性としての強い立場を手放す恐れを感じていると推測される。同時に,今回の「一方的に責められとんだ恥をかいた」という,立場を失ったことの再体験になるのではとの躊躇（ためら）いも感じられる。この一文に特別な応答はせず,女性に相談することに関して複雑な思いがあることを,カウンセラーが意識しておくことが肝要で

ある。

②ストレス対処と問題解決への模索

　長年の職業人生を労う言葉は，これまでの A さんの職業人としての人生を理解し，共有しようとするカウンセラーの姿勢を示すものである。「人には言えないご苦労」「頭が下がる」という表現は，A さんの「厳しい躾」で育ち「身を削って頑張って生きてきた」という背景からも，A さんの苦労に敬意を込めていることが伝わる言葉として選んでいる。「40代のときに中途転職」した詳細な経緯は不明であるが，人生の折り返し点の年齢での転職は，負荷の大きい出来事である。このことが，今回の合併で A さんにかかる負荷を高めている懸念もあり，「複雑な思いになられる」「心穏やかではいられないのは当然のこと」という言葉を選んでいる。

　「その後20年 SE 職」「技術者一人一人が独立してシステムの管理と開発」という職場環境から，日常的に会話やコミュニケーションがとりづらいことが推測される。「ちょっとした愚痴をこぼす，助けを求める」ことが難しい環境で，「一人ですべての責任を抱えて長年働き続ける」という負荷の高い状況は，心身の不調が生じる一歩手前とも考えられる。

　そのような状況で起きた A さんの若手との「衝突」や，「叱り飛ばす」言動について，初回返信文では直接言及はしていない。なぜなら，その言動が，感情を乱され困り果てた結果であり，できることなら避けたい言動であることは，A さん自身が一番自覚しているからである。相談文前半では一見強く相手を非難し，自分の正当性を押し通すように感じられるが，後半の怒りや混乱した状態についての説明と，そして何よりもカウンセリングを求めてこられたことに，この問題を解決したいという意思が感じられる。

　「何か対応策や解決に向かうアドバイスをいただければ」という言葉からも，A さんの相談動機は，"自分の正当性を認めさせたい"というものではなく，これほどまでに強い怒りが湧き上がり混乱してしまう自分の心の中で，何が起きているのか，なぜこのような経緯になってしまったのかを，理解したいというものであると推測される。どのような状況に追い込まれたら

感情のコントロールを失うのか，その状況を見つけ出すことは遠回りに感じられるかもしれないが，このカウンセリングの目標となる“ハラスメントにつながる言動を解消する”ための着実な方法と考える。そこで，まずはそのような若手との関係性を生む背景（職場環境と成育歴）について話し合うことに焦点を当てる。

③ストレス要因となる職場環境

　職場環境の負荷を評価する際には，組織という競争社会の中で生き残るために，負荷に耐えて当たり前という価値観が強い現代社会において，カウンセラーはその当たり前とされる社会の価値観に依拠するのではなく，組織の中で個人にかかる負荷とその対処行動を，心理学的視点から評価することが必要となる。「同業大手との合併の話が進んでおり，そこから出向してきた30代の若手と一緒に働く」という文章には，若手社員の役職の位置づけが明文化されていない。「衝突する」「口を開けば職場への不満と屁理屈ばかり」という表現からも，上司部下関係なのか，対等な関係なのか判断しかねる。加えて，「大手との合併」によりAさんの勤める企業が消滅する可能性も考えられ，大手から送り込まれた「30代の若手」社員が，これまでAさんが職場内で確立してきた地位を脅かす存在であると推測される。

④成育歴からの影響

　成育歴から考えられることは，今回の出来事が，幼少期からのAさんの生き方を否定する結果となったことである。Aさんは，「非常に厳しい父親の躾のもとで努力を重ねて周囲に認められて」育ち，「身を削って頑張って生き」ることが責任感のある生き方であり，「手を抜いて好きなことばかりしている」のは「無責任」という価値観が身に着いている。「会社のために自分を犠牲にしてでも働いてきた」ことは当たり前のことであり，その行動にAさんは自負を持っている。そこに，「手を抜くことばかり考え」「責任感などは微塵もない」若手が，「口を開けば職場への不満と屁理屈ばかり」という行動を取ることは，Aさんにとっては「自分を犠牲にしてでも働いてきた」生き

方を否定されたと感じられるのは無理からぬことである。

⑤情緒的な課題の共有

　社内の立場も脅かされ，生き方も否定されるというストレスが加わると，怒りの感情を抑えるのが難しくなるのも理解できる。その言動に対して，「人事本部長より呼び出しがあって，部下への『恫喝』をやめるようにと注意勧告を受け」たことは，Ａさんを混乱させることになった。「猛烈に腹が立って」と人事本部長の言葉に怒りが湧くと同時に，「責められてとんだ恥をかき」「納得でき」ないと語るところに，その混乱ぶりが感じられる。加えて，「手を抜いて楽をしたりへらへらと好きなことばかりしているような人」に対して，「なぜだか猛烈な怒り」が湧いてくると語り，「なぜ」このような強い怒りが湧いてくるのか腑に落ちないという感覚も抱いている。Ａさんが混乱しつつも，その混乱の原因にうすうす気づきかけているとも推測できる。

　このコントロールしがたい"怒りと恥"の感情の扱いについては，「どうしようもない怒りが湧いてくるのは自然なことです」と，Ａさんの混乱をまずは共有する。自尊心がこれ以上傷つかないよう配慮しつつ，初回の返信では，「どのような経緯で人事本部長さんが注意勧告するということになったのか」と，具体的な経緯を共有したいという意図を伝える。具体的な経緯を共有するプロセスでＡさんが今回の出来事を追体験し，怒りの感情だけでなく，会社への不満や父親の厳しい躾を我慢してきた悔しさなど，細やかな感情に触れる可能性を広げたいと考える。

⑥カウンセラーの理解の伝え方

　どのような枠組みであれ，カウンセリング場面は自由にして保護された空間であることは必須である。初回返信文では，細やかな感情を安心して語れる信頼関係を構築するために，カウンセラーが先入観や偏見を抱いていないことを積極的に言語化し，公平な姿勢であることを強調する。そのための表現が，「寝耳に水の驚きであったのではと推察します」という，Ａさんの当惑と混乱に共感した応答である。そして，「正当な理由のある叱責・指導」で

あったはずの言動が，「恫喝」と理解されてしまった経緯や，どのように人事本部長へ報告されたのかを尋ねることで，どのような齟齬が生まれているかを知りたいという，カウンセラーの関心を焦点化した尋ね方をしている。起きている齟齬を知りたいというのがカウンセラーの意図であると伝えることによって，「恥をかいた」出来事を語ることへの抵抗を和らげ，内省を促す安全な環境を提供する。

　「セクハラ，パワハラ」との言葉も含め，社会情勢に言及した理由には，Aさん自身が今回の出来事で感じている混乱と戸惑いを和らげる目的がある。「猛烈な怒り」に対して「なぜだか」と疑問を抱いているAさんに対して，社会の変化の中でAさんと同じ立場に置かれた人は同じように怒りを感じること，Aさん個人だけに起きる特異な出来事ではないことを伝え，混乱しているAさんの状況を外在化し，他者の視点からふり返る試みである。

　社会的な視点は，心の中で起きたことを理解する助けになる。相談者個人と周囲の関係性にとどまらず，所属している組織の問題，組織の置かれている社会・時代背景が持つ問題点にも焦点を当てることで，Aさんの視野を広げることが可能となる。

⑦加害者性の取り扱い

　そのように視野を広げることによって，Aさん自身が，ハラスメントが起きる状況，加害者と被害者それぞれの心情の理解に近づくことも可能となる。ハラスメント加害者は，被害者にとってはあくまでも加害者であるが，加害者であるAさん自身にも，過度に厳しい躾を受けて育ったという被害者としての側面がある。そのAさんの自身の中にある被害者としての側面にAさん自身が気づくことが，加害行為の一番の予防策になる。これまで自分の感情を抑え，職場や他者から求められる要求に過剰に応えてきたことに気づき，そのことを不満に思うことさえ禁止してきた厳しい自分から解放されることは，このカウンセリングの真の目標でもある。

　カウンセラーが道徳的な評価ではなく，怒りの感情は自分の心を守ろうとするもの」「どうしようもない怒りが湧いてくるのは自然なこと」という心理

学的な理解を示すことは，自分の感情に目を向ける視点を提供し，自己理解
を深める一助となる。

⑧次回に向けて

　最後に，提案だけで終わらせるのではなく，Ａさんの意見も知りたいと伝
え，カウンセリングは双方向の話し合いの場であることを伝える。Ａさんの
理解力の高さから，怒りの感情に左右されつつも，現実的な対応策を思い描
いている可能性も想定して話を進める。

　文頭で，「女性の先生にどのようにお話をすればいいのか」とあるように，
カウンセラーに一方的に解決策を提案されることは，「自分の感情のコント
ロールもできず，適切に対応できない人（＝『責められてとんだ恥をかい
た』）」という傷つきを刺激する懸念がある。「Ａさんがご自身でお考えになっ
ておられる対応策」をお聞きしながらと，対等の立場であることを示し，Ａ
さんが感じたことを表現しやすい関係性の構築を図る。カウンセラーがクラ
イエントの訴える言葉ひとつひとつを受容し的確に応答していくことで，ク
ライエントは自分の感情に関心を持ってもらえていると安心感を抱くだろ
う。そのようにして，言葉にしづらい感情表出への抵抗を和らげることが可
能になる。

　それはテキストカウンセリングが一方向の関係ではなく，話し合う関係で
あることの具現でもある。双方向であるからこそ，疑問があれば質問しても
らいたいこと，カウンセラーの判断が違うと感じたらそのことをすぐに指摘
してほしいことなどを伝える。「ご不明な点，疑問点等ありましたら，ご遠慮
なくお尋ねください」という応答は定型文であるが，「質問ばかりになり恐
縮」という断りを前に置き，相互性を示している。相談が進んでいくプロセ
スで，「カウンセラーの理解はこうですが，Ａさんはどう感じられますか」
と質問しやすくするための布石でもある。

　追伸として，身体面の不調について言及する。追伸にしたのは，本文内に
加えて論点が拡散することを避け，身体面のケアの重要性を印象づける意図
からである。睡眠の質の低下は，情緒不安定さを生じさせ，他の人間関係で

も無用なトラブルを引き起こす可能性もある。これ以上の混乱を避け，情緒的な安定を取り戻すには，頑張らずに自分を労わる必要があるという提案でもある。初回返信文は，Aさんに限らず，困り果てた出来事への労いの言葉で始まり，十分な休養を取りましょうという労いの言葉で終えるのが礼儀であると考える。

Column   1回の返信にどれだけの内容を盛り込む？
［杉原保史］

　一度の返信メールに，どれくらいの内容を盛り込めばいいのだろうか。これは簡単には答えの出ない問題である。とりわけ，クライエント側が1回のメールに複数の問題を書いてきて，そのすべてに答えを求めているような場合，返信ですべてに答えるのがいいことかどうかは，よく考える必要がある。

　一度に多くの内容を伝えることは，一見すると効率的なようであるが，しっかり受けとめる姿勢と能力に恵まれたクライエントでないかぎり，伝えた多くの情報のうちわずかしか消化されず，かえって効率が低下することが多い。多くの問題を抱えているクライエントは，それらすべてに困っている状況を早くなんとかしようと焦っていることが多い。その気持ちは理解できるが，心理的な問題の相談においては，一度に多くの問題に取り組むよりは1つずつ，それぞれをスモールステップで取り組んでいくほうが効果的であることが多い。同時に多くの問題に取り組むと，それぞれの問題に割かれるリソースが少なくなり，結局は何も変わらないということになりがちである。

　クライエントにはこうしたことを丁寧に説明し，多くの問題があるけれども，焦らず1つずつ取り組んでいこうと提案することが有用である。その場合，問題に優先順位をつけて取り組んでいくことが必要になる。生活全般に影響を及ぼしていて，重要性が高い問題から扱うことが多いだろう。そのような方針でうまくいく場合も多いが，それでは難しい場合には，取り組みやすい小さな問題から取り組むほうがよいだろう。クライエントに深刻度，重

要度を 0 ～100の数字で評定してもらい，小さいほうから取り組むようにする。

　クライエントが取り立てて多くの問題を訴えているわけではない場合でも，カウンセラーはともすると返信にたくさんのことを盛り込もうと欲張り過ぎてしまう。苦悩の只中にある読み手の負担を考え，読み手にとって消化可能な情報量にとどめるよう心がけたい。心理的な支援は，ゆっくり，小さく，一歩ずつが基本である。

Case B

仕事も人間関係もうまく
いかない

[辻田奈保子]

クライエント：Bさん（30代女性），パート社員
状況：カウンセリングを開始して初めて送られてきたメール

 相談メール

こんにちは。
仕事が長続きせずに困ってます。

今，総合スーパーの惣菜売り場で調理を担当しています。シフト制で，毎月一緒に入るスタッフがいるんですが，その人たちのなかでも長くいる方に嫌われてしまって。無視されたり，あからさまに悪口を言われたり，私だけシフト変更を知らされなくて大恥をかいたりしています。

惣菜を作る現場は，厳しく衛生管理されていて，コロナウィルスが流行してからはさらに複雑な手順が増えました。一生懸命覚えようと頑張るんですが，季節のメニューが急に差し挟まれたりすると一気にパニックになります。どうすればいいのかと混乱し，焦れば焦るほど手が震えてしまって（涙）もうホントやだ。。。

一日6時間の仕事のうち休憩が45分あるんですが，この時間が本当に地獄です。先ほども書いた古株の方々が休憩室を陣取っておられて，こち

らに聞こえるように社員や私たち新人パートの悪口を言っては大笑いしてます。会社の規則で，店外でご飯を食べることが許されないので，逃げ出せません。毎回休憩が本当に苦痛です。最近は，朝起きると身体が重く，わけもなく泣きたくなります。変ですが更衣室の扉の色を思い出すだけで，休みの日でも身体がソワソワして次の出勤日が来るのが怖いんです。

主人に相談すると，「また？　何回目？　パートなんて気楽な立場なんだから合わなくて嫌ならやめればいいじゃん」とイライラした様子で言われたり，私には絶対にできないようなアドバイス（支店長や本社に告発しろとか，無視してくる全員と話し合えとか）をしてきて，それに困っていると「おまえはわがままだ」と責められます。忘れ物や仕事のミスを減らすためにメモを取ってみましたが，メモ自体がうまく取れず，バラバラに書いてしまって，助けになりません。結局ミスをしてしまいます。

怖いのは，どの職場でも最初は親切に教えてくれる方や，フォローしてくれる方がいるのですが，私がミスを連発するうちに口もきいてくれなくなったり，怒ったり，陰で笑ってバカにされたりするようになることです。私は決していい加減にしているわけでも，ふざけているわけでもないんです。そのことを説明しようとすると大体の方から「言い訳するな」と怒られます。転職も毎日考えますが，どの職場でも自分は変わらず疎まれたりバカにされるのかもと感じると本当に苦しいです……。ちなみに主人の収入はそんなに高くないので，専業主婦になることは許されません（家事もあまりうまくないです）。

クライエントへの返信メール

Ｂさん，初めまして。今回担当させていただきます，カウンセラーの〇

○と申します。これから，Bさんがお困りのことを一緒に考え，整理するお手伝いをさせていただければと思います。ここでお話しいただいた内容は，外部にもれることはありませんので，どうぞ安心してお話くださいね。よろしくお願いいたします。

さて，現在のお仕事の状況について詳しく教えていただき，ありがとうございました。内容をじっくり読ませていただきました。日々不安で，重い気持ちでお仕事をされているのが伝わってまいりました。複雑な仕事内容を覚えるだけでも大変なのに，人間関係においても安心感が得られない状態ですと，脅かされるような気持ちになりますよね……。そのうえ配偶者の方に相談しても，イライラした反応を返されたり，実行が難しいアドバイスをされてしまうとのこと。現状を理解してもらえないことに寂しさを感じたり，余計に身の置き所がない気持ちになるのではないでしょうか……。自分の力では何ともしがたい出来事が続き，傷ついた気持ちを立て直したり，安心感を取り戻せるような場所がないとなると，自信がなくなり，どんどん精神的に追い詰められてしまったとしても無理はないことだと思います。本当に今日までよく耐えてこられましたね……。また状況を改善するため，メモを取ったりされているとのお話から，ご自身でできることを探し，懸命に努力されているお姿がイメージできました。

現状をおうかがいし，今抱えておられる課題を簡単に整理しますと，

①仕事を頑張っているけれども，職場内で理解してくれる人がおらず，冷たい態度を取られてしまう。
②仕事が複雑で，努力してもミスを連発してしまい，上手く対応できない。
③家族内に相談に乗ってくれる人がいないなど，ストレスを緩和するための方法や場所がない。

の３つが挙げられるのではないかと感じたのですが，いかがでしょう
か？
もし修正点や，追加したい課題があれば教えてくださいませ。

また内容を読ませていただくと，まだ現在の職場に入られてから間もな
いご様子のように感じたのですが，いかがでしょうか？　Ｂさんの現状
をより深く理解できればと思いますので，差し支えなければ，どれくら
い前に入職されたのか，また現在週に平均何日くらい勤務されているの
か，教えていただければと思います。

どの課題もＢさんにとって大切なテーマだと思うのですが，現時点でＢ
さんがこのセッションで特にお話されたいこと，優先的に取り組みたい
テーマはありますでしょうか？　あるようでしたら，まずはそこに焦点
を当てて整理を進めていくのはどうかと考えております。この点につい
てはいかがでしょうか？
特に取り組みたいテーマがある場合，具体的にどのようなことを話し合
いたいか（例：解決策を探りたい，話すことで気持ちを整理したい），ど
のような面でのヒントを得たいか（例：仕事でのミスを減らす方法，心
地よい人間関係の作り方，不安を和らげる方法），セッションを通して
御自身がどのような状態になりたいか（例：不安をコントロールできる
ようになりたい，ミスの傾向を知り，予防策を図れるようになりたい）
等のご要望がありましたら，是非教えていただければと思います。

日々つらいお気持ちでお過ごしのことと思います。傷ついた御自身を癒
し，エネルギーを取り戻すためにも，御自身を労うことはとても大切で
す。夜はゆっくり休めておられますか？　お食事はおいしく召し上がれ
ていますでしょうか？

お時間のあるときには，御自身が少しでもホッとできるようなことを定

期的にしていただくのもお勧めです。セッション内で，一緒にBさんが
ホッとできることを探していくのも良いかもしれませんね。

それでは次回のお返事お待ちしておりますね。季節の変わり目ですの
で，どうぞご自愛くださいませ。

よろしくお願いいたします。

 ## 返信メールの解説

(1) はじめに

　今回の相談者は，現在，総合スーパーでパートとして勤務している30代の
女性，Bさんである。主訴は，職場での人間関係と，その背景にある仕事の
パフォーマンスの課題についてである。Bさんは現在，調理場での仕事を任
されているが，厳密な衛生管理やメニューの変更などのイレギュラー対応を
求められ，精神的に余裕のない日々を過ごしているようである。また仕事で
ミスをしやすく，努力しても状況を改善できず，周囲から無視や陰口，情報
共有してもらえないなどの仕打ちを受けているとのことだ。夫に現状を相談
しても，いらついた反応や実行不可能な助言が返ってくるだけで，現状改善
につながっている様子はうかがわれない。転職を考えるもののこれまでも仕
事が長続きせず，仮に転職したとしても，今回と同様の問題に直面すること
になるのではないかと，不安を抱えている状況である。
　今回のカウンセラーからの返信文のねらいとしては，主に以下の3点が挙
げられる。

　　①クライエントが安心して話ができる環境作り
　　②現状の明確化，ならびに見立ての妥当性の検討
　　③目標設定

以下で順を追って説明していきたい。

(2) 返信文のねらい

①クライエントが安心して話ができる環境作り

　返信の序盤では，Bさんの現在の気持ちを要約し，状況を整理することで，カウンセラーがBさんの気持ちを理解しようと努めていることを伝え，安心して話をしてもらえるよう働きかけている。Bさんのメッセージから，職場・家庭内において，自身の気持ちや状況を理解してくれる人がいないと感じている様子がうかがわれる。それがより一層，彼女の仕事に対する焦りや不安，孤独感に拍車をかけていると考えられる。

　クライエントが安心して話せる環境を作ることは，ラポール形成は勿論のこと，クライエント自身が本来の力を取り戻し，現状を客観的に振り返ることができるよう支援するうえでも重要である。よって，「私はあなたの声に耳を傾け，現状を理解しようと努めていますよ」というメッセージを伝えるために，返信の冒頭において現状を簡潔にまとめ，気持ちを受けとめる言葉がけを行っている。

　併せて，これまで周囲から目を向けられてこなかったBさんの努力や工夫を労うことで，カウンセラーが苦手な面だけに焦点化せず，ありのままのBさんを理解しようとしていることを間接的に伝えている。カウンセラーがクライエントの現在の気持ちや状況を理解し，カウンセラー側の価値観で決めつけないという姿勢が，クライエントのカウンセラーやセッションに対する安心感を高めることにつながるだろう。

②現状の明確化，ならびに見立ての妥当性の検討

　Bさんが現在抱える課題として，以下の4つが考えられる。

　　a．発達特性の課題（ワーキングメモリーを含めた実行機能の弱さ，社会性の課題）

　　ｂ．本人の職業的傾向と仕事で求められるスキルとの間のミスマッチ
　　ｃ．サポート資源の不足
　　ｄ．仕事に起因するストレスによる職場不適応の状態

　これらの４つの見立てがどのように導き出されたかについて，以下で説明
したい。

ａ．発達特性の課題（ワーキングメモリーを含めた実行機能の弱さ，社会性の課題）

　はじめに，ワーキングメモリーと実行機能について，簡単に触れておきたい。ワーキングメモリーとはいわば頭の中のメモパッドのようなもので，作業を行ううえで必要な情報を，短時間記憶に保持するために使用される機能である。たとえば，仕事の際に手順書を毎回確認せずとも作業を進めることができたり，事前に与えられた指示を忘れず作業内容に反映させることができるのは，ワーキングメモリーが問題なく機能しているためである。

　実行機能とは，目標達成のために自らの考えや行動をコントロールするための，脳の情報処理機能のことを指す。実行機能が正常に働いている場合，目標達成に必要な情報の保持，不要な情報の更新，目標達成につながらない反応の抑制や，作業の切り替えなどが可能となる（Miyake & Friedman, 2012; Snyder et al., 2015）。前述のワーキングメモリーも，この実行機能の一部とされている。

　以上の内容を踏まえたうえで，Ｂさんからのメッセージの内容を見ると，「手順が複雑で，季節のメニューが急に差し挟まれたりすると一気にパニックになる」という点から，急な変更に対し，情報を更新したり，考えや気持ちを切り替えることの難しさがうかがわれる。

　また，「メモ自体がうまく取れない」「家事があまりうまくない」との話から，目標達成に必要な情報や行動を選択・修正することの難しさが考えられる。以上の点から，実行機能の問題が疑われる。さらに，「忘れ物やミスの連発がある」という点から，ワーキングメモリーの弱さも背景要因のひとつと

して考えられる。その他,「メモをバラバラに書いてしまう」という点は, 実行機能以外に視覚認知の問題など, 別の発達特性が関係している可能性もあるため, 今後より詳細な発達特性に関するアセスメントが必要であろう。

以上の見立てと, これまで何度かパートを辞めている様子から, 認知機能の問題により, 過去に勤務した職場でも十分なパフォーマンスを発揮することができず, 早期退職せざるを得ない状況が続いていたことが疑われる。

併せて, 職場の同僚らとの関係がうまくいかない背景に, 社会性・コミュニケーションの課題がある可能性も否定できない。今後のやり取りのなかで, 職場の同僚らとの関係がうまくいかなくなるまでの経緯や, 具体的にどのようにコミュニケーションを取っているかについて, 詳しく話をうかがう必要性がある。そのなかで, ADHDや自閉スペクトラム症などの神経発達症（以下, 発達障碍）に該当する可能性が高いと判断される場合は, 将来的にしかるべき支援や配慮を受けられるよう, 医療機関につなげることを検討する必要があるだろう。

しかし, カウンセラーからの返信で発達障碍に言及するかどうかは, 慎重に検討すべき課題である。「発達障碍*」という言葉が持つインパクトや, クライエント自身のレディネスにより, 拒絶反応を引き起こしてしまい, 結果的に医療機関や支援機関につなげられなくなる恐れがあるためである。クライエントを支援するうえで重要なのは, 単に障碍名を伝えることではなく, どのような認知特性があり, 苦手さをいかにカバーすることで生きづらさを緩和できるかを, 本人が理解できるよう援助することである。

もし, 医療機関の受診は必要であるものの, 現時点で発達障碍について情報提供するメリットが低いと推察されるならば,「あなたの困り感の背景に, 情報処理の課題が隠れているかもしれません。医療機関で心理検査を受けたり, 医師や心理士からコンサルテーションを受けることで, どの情報処理の

＊　「障害」「障碍」「障がい」の3つの表記のうち, どれを用いるべきかについては, 現在, さまざまな議論がなされており, この点についての社会的な合意はいまだ十分に確立されていない。本書では表記を統一することはせず, 執筆者の意向や文脈により異なる表記を用いている。

特徴が現在の困り感につながっているか，あるいは持っている強みによって，苦手さをカバーできるかどうかが分かるかもしれません」などと伝えるのがよいだろう。

　以上，Bさんの発達特性の課題について言及してきた。しかし，Bさんが現在の職場に入って間もないようであれば，まだ仕事に慣れておらず，しばらく現場での経験を積むことで，パフォーマンスが向上していく可能性も否定できない。その点を明らかにするために，返信の中盤で現在の職場の入職時期，平均勤務日数について確認している。今後仕事でのパフォーマンスの向上を主な課題として取り組むのであれば，次回以降の返信において，過去に勤務した職場でも同様の課題に直面したことはなかったかを確認するのが望ましい。

ｂ．本人の職業的傾向と仕事で求められるスキルとの間のミスマッチ

　先述の「ａ．発達特性の課題」の可能性から，Bさんの認知特性と，職場で求められるスキルや目標値との間で，ミスマッチが生じている可能性がある。また，過去に何度か仕事を辞めているのであれば，職業興味や得意分野に関する自己分析や，過去に手応えを感じた仕事，習得したスキルなどの棚卸しが十分にできていない可能性がある。

　今回の返信では，安心感のある空間作りを優先させるため，仕事内容に焦点を当てた質問はあえて省略しているが，今後のキャリアがメインテーマになるようであれば，現在の仕事に応募した動機や経緯を尋ねるのが望ましい。また現職だけでなく，前職でうまくいかなかった点を整理し，職業興味やスキル，得意分野と苦手分野の整理，業界研究をサポートしていくなど，キャリアカウンセリングを導入することも検討する必要がある。

ｃ．サポート資源の不足

　職場で，古株の人たちから無視や悪口など辛辣な態度を取られたり，最初はサポートしてくれていた同僚たちからも，ミスを繰り返すうちに冷たい態度を取られてしまうことが多いとの話や，配偶者からの理解が得られない様

子から，Bさんには仕事面ならびに精神面を支えてくれる社会的リソースが不足している可能性がある。よって，返信の中盤で「職場内で理解してくれる人がおらず」「家族内に相談に乗ってくれる人がいないなど，ストレスを緩和するための方法や場所がない」と，状況確認を行っている。

　Bさんがこの点を否定しなければ，今後のセッションにおいてBさんを支えるリソースを一緒に探す作業につなげていく。仮にまだ助けてくれる，支えてくれる人がいるとの話になれば，現在保持しているリソースを整理し，上手に活用していくことで，安心感の回復や仕事上の課題の改善が図れる可能性もある。返信の終盤に書かれた「一緒にホッとできることを探していく」といったメッセージも，この作業につなげられるような足がかりを作る意味合いを含んでいる。

d．仕事に起因するストレスによる職場不適応の状態

　「朝起きると身体が重く，わけもなく泣きたくなる」「更衣室の扉の色を思い出すだけで，休みの日でも身体がソワソワして次の出勤日が来るのが怖い」とのエピソードから，強い不安感を抱いている様子がうかがわれる。職場でのストレスにより，適応障害が生じている可能性も否定できないため，返信の終盤で「夜はゆっくり休めておられますか？」などと，睡眠や食欲の状態について尋ね，健康面に影響が生じていないか確認を行っている。

　次回，Bさんからの返事の内容によっては，家事ができているか，以前より業務のパフォーマンスが低下していないかなど，より詳細な情報を聴取し，医療機関を受診したほうが良いかどうかについての判断が必要だろう。

　以上の4つの見立て（a〜d）が妥当かどうかを検討するため，先述のように返信の中盤では，現在の課題を簡単に整理し，それがBさん自身の認識と合致しているかどうかの確認を行っている。併せて，話の流れ上，不自然でない程度に，入職時期等の詳細情報を聴取するよう努めている。

　ただし，初回の返信であまり詳細な質問をしすぎると，クライエントが侵襲的に感じてしまい，ラポール形成が阻害される恐れがある。よって，初回の返信では安心感のある環境作りを優先し，クライエントに負担を与えない

レベルの質問を選択するのが望ましいだろう。

③目標設定

　返信終盤では，目標設定として取り組むテーマの絞り込みを行っている。そうすることで，見立ての妥当性を検討し，解決策を探るうえで必要な詳細情報が収集しやすくなる。また，クライエントにとって満足度の高いセッション作りにつなげやすくなる，というメリットもある。取り組むべき課題が複数ある場合，限られた期間内ですべてを網羅するのは難しいうえ，複数の課題を同時に整理しようとすると，メインポイントから逸れやすくなる。クライエントが最も困っている，あるいは優先度の高い課題に絞ったほうが，整理がしやすいうえ解決策も見出しやすく，クライエントにとって手応えのある結果に繋げやすくなる。

(3) おわりに

　安心できる環境の設定や，見立ての妥当性の検討，目標設定など，いずれも重要なポイントである。なかでも，クライエントが現在どのような状況におられ，どのような気持ちで日々過ごされているのかを，可能な限りリアルに想像するよう努めること，そしてクライエントのペースを大切にすることが最も重視すべき点と考える。

　特に後者については，クライエントの話をうかがううちに，カウンセラー側に，早く解決策を見つけなければという焦りが出てくる場合もあるかもしれない。しかし，課題に取り組むのも解決に向かって進んでいくのも，カウンセラーではなくクライエント自身であり，解決に向かうペースもクライエントが決定すべきである。それを理解することこそが，クライエントを信じ，尊重することに他ならない。そして，それによってこそ，クライエントの問題解決力が発揮されるよう援助することができる。よって，カウンセラー側からの問いかけの内容やタイミングは，クライエントの様子を適宜確認しながら，クライエントのペースに沿って行うよう心がけるのが望ましいだろう。

【文献】

Miyake, A. & Friedman, N. P. (2012). The nature and organization of individual differences in executive functions: four general conclusions. *Current Directions in Psychological Science*, **21**(1), 8-14.［https://doi:10.1177/0963721411429458］

Snyder, H. R., Miyake, A., & Hankin, B. L. (2015). Advancing understanding of executive function impairments and psychopathology: bridging the gap between clinical and cognitive approaches. *Frontiers in Psychology*, **6**.［https://doi.org/10.3389/fpsyg.2015.00328］

Column　文体について

［杉原保史］

　メールカウンセリングのスーパーヴィジョンをして気がつくのは，返信メールの文体が組織や個人によって非常に違っているということである。またメールの文体はクライエントによっても非常に違っている。本書に収められた6つの事例を見ても，それは見て取れるだろう。メールの文体についてはどのように考えたらいいのだろうか？

　クライエントからのメールは「です・ます」調の丁寧な文体である場合が多いが，「～なんだよ」「～しちゃってさあ」「～なのかなあ」といった砕けた文体であることもある。また「マジで」「草生える」「www」といった若者言葉やネットスラング混じりの文体のこともある。

　カウンセリングは相手と波長を合わせてコミュニケーションをするものである。カウンセラーにとって心地良く受け入れられるならば，相手の文体に合わせていくことが基本であろう。

　クライエントの「俺，ヘタレなもんで。どうしたらいいんスか？」というメールに，「メールを拝読させていただきました。ご相談者様はヘタレなのでございますね。それでどのように振る舞えばいいかをお尋ねなのでございますね」といった返信では，あまりにもチグハグである。これでは噛み合う話も噛み合わなくなるであろう。クライエントと同じ文体にする必要はないが，ある程度，砕けた文体にしたほうがよいだろう。

　これは，ある意味で，異文化間コミュニケーションの問題である。カウンセラーとクライエントは，互いに異なる文化に対して尊重する姿勢を持つこと

が大事である。カウンセラーが相手の文化に興味や好奇心を持てるのであれ
ば，可能な範囲で合わせるようにすることが有用である。しかし無理をしてま
でそうする必要はない。ただし，クライエントの文化に馴染みがないこと，そ
のため同じような文体で返信が書けないことを，説明しておいたほうがよい
だろう。相手の文化を尊重することは，相手の文化に同化することではない。

　以上，基本的には相手の文体に合わせることの有用性を説いてきた。しか
しそれにも限度がある。職業人の専門的な実践に相応しい文体というものが
ある。多少の逸脱はともかく，崩れすぎてしまわないよう，限度をわきまえ
ることが必要であろう。

我が子を愛したい

[門田竜乃輔]

クライエント：Cさん（30代女性），専業主婦
状況：カウンセリングを開始して初めて送られてきたメール

 相談メール

よろしくお願いします。子どもをすぐ怒鳴ってしまうのが嫌で，これまでにありとあらゆる育児情報を試してみたり，何とか怒りを抑えようとしてやってみましたが，まったく効きません。子どもは先月2歳になったところで，トイレトレーニングや食事などまだまだ手がかかる状態です。また，赤ちゃんのころから夜泣きのすごい子で，朝早い主人の仕事上，私一人で対応していたら，57キロあった体重が出産後半年であっという間に12キロも減ってしまいました。

子どもを怒鳴ってしまうのは，大体子どもがわがままを言ったり，トイレに失敗しておしっこを漏らしたりしたときで，一瞬で頭が真っ白になるぐらい強い怒りが湧いてしまって，ものすごく大きな声で怒鳴りつけてしまいます。

正直，我が子なのにこの子を心の底から「可愛い」と思えません。むしろめちゃくちゃうっとうしくて憎らしくて，こんなこと児童センターの人や保健師さんには絶対に言えなくて，でも虐待なんかしたら絶対にダ

メなんだろうと思って手だけは上げていません。けどもう限界で，今朝怒鳴っても泣き止まない子どもの目の前で絵本を思いっきり床にたたきつけて怯えさせてしまいました。これだって立派な虐待ですよね？　なんで私だけこんなに育てにくい子を授かったんだろうって毎日泣きながら歯を食いしばって育児しています。他のお母さんたちは楽しそうに，子どもたちとお出かけしたり，優しく声をかけてほほ笑んであげたり，見ているとものすごい罪悪感で苦しくなります。こんなお母さんの元に生まれて来ちゃってごめんねって，毎晩子どもに謝って泣いています。

でも，本当に可愛いと思えないんです。実家の母とは絶縁していて，主人の母も遠くに住んでおり，頼れません。主人は仕事が忙しく，休みの日にお風呂に入れてくれたりはしますが，基本的にはずっと私が育児をしています。

どうすればこの強い怒りを抑えて，他のお母さんたちみたいに優しく子どもを愛して育てることができるでしょうか。子どもを愛したいです。何かアドバイスをいただけると嬉しいです。

クライエントへの返信メール

C さん

今回はどうぞ，よろしくお願いします。
まずは本当に大変な状況のなかで，こちらに勇気を出して来てくださって，ありがとうございます。
2歳になられるお子さんの育児に，これまでずっとお一人で対応されてきたんですね。その状況では，心身ともに限界まで追い詰められるのも無理もありません。これはCさんの責任などではなく，ずっと一人で育児をしていればそうなるのが当然だと考えています。

体重が12キロも減っていることを考えると，まずＣさんの体調そのもの
が非常に心配される状況です。どちらかの医療機関などには行ってみら
れたでしょうか？　もしまだであれば，一度受診をしてみていただけれ
ばと考えております。

いただいたメッセージを読ませていただき，これまで２歳になったばか
りのお子さんの子育てをされているなかで，育児情報をもとに種々のこ
とを試したものの，思うような効果も得られない状況が続いているんで
すよね。その結果，お子さんに怒鳴ってしまう，怒りがこみ上げてきて
しまう状況が続いているのだと思います。

そして，何よりご主人の仕事の都合もあって，Ｃさん一人での育児が基
本とのこと。母親一人で夜泣きの激しい幼児を育てていくのは本当にし
んどいことですね。先ほどもお伝えしたとおり，体重が12キロも減った
ことは，本当に心身ともに限界に来ているのだと思います。

夜泣きの対応をしていると，睡眠も取れないですし，それを小さな頃か
ら毎日やってきているわけですからね。気持ちも体も限界にだってなり
ますよね。気持ちも体も限界になること，すごくよく理解できます。

その状況のなかでなんとか怒りを抑えようと，いろいろなものを調べら
れたんですよね。また，怒ってしまうタイミングを，Ｃさんご自身，よ
く気づいておられますね。自分をよく振り返って考えないと，そういう
ことにはなかなか気づきにくいものです。Ｃさんはそうやってこの状況
を改善しようと，とても努力されていると思います。それは誰にでもで
きることではありません。

そして，我が子なのにかわいいと思えない，憎らしいと思える気持ちも
出てきますよね。そう感じたとしても，いたし方ない状況にあり，それ
だけ追い詰められているのが今なんだと受け止めております。また，さ
らにつらいのは，それを保健師さんはもちろん，親しい人にさえ言うこ

とが難しいことなのかなと推測しています。言ってはいけない，思ってはいけないと，Ｃさんが葛藤されているということがすごくよく伝わってきますからね。可愛いと思えないことは，それ自体，つらいことでしょう。そのことで自分を責めていると思います。そのうえ，それを誰にも話せず，一人で抱えていることで一層つらくなってしまいますね。今回，こうしてそのことを話してくださってよかったです。まずはここでは気兼ねせずに，率直に気持ちをお話くださいね。

状況を考えると，おそらくですが慢性的な睡眠不足，自分の時間が取りにくい，こうしたものが重なっていて，非常に強いストレスがＣさんを圧倒しているような状態になっているのだと思います。

責任感の強いＣさんが，赤ちゃんをたった一人で育てている状況のなかで，睡眠不足になり，疲労が蓄積し，赤ちゃんとうまく関わりにくくなっているのだと思います。その結果，赤ちゃんも気難しい反応を返しがちになり，そのことで余計に自分がダメなんだと責める気持ちが強まり，眠れなくなり，というように悪循環が生まれているように見えます。Ｃさんも赤ちゃんもストレスが極限にまで高まってしまった結果，今の大変な状況になってしまっているのではないでしょうか。

ですので，私はＣさんが今の環境のなかで本当に一生懸命に，なんとかできる限り頑張ってずっとやってこられていると思います。決して母親としてＣさんがダメなんだといったことではなく，それだけ大変でつらい中でこれまでやってこれたというのは，Ｃさんだからこそできたことでもあると思います。それだけお子さんのことを大切に思うお気持ちが強いのだと。

けれど，それだけの極限状態のなかでずっと子育てを続ける，子育てだけでなく家事だってあるなかでやっていくというのは，誰だって難しいものです。

むしろ，その状況のなかで手を出してはだめだと，必死に言い聞かせて我が子のために頑張っていることを感じます。お子さんへの愛情があるからこそでもあるのだろうと感じます。

絵本を床に叩きつけたくなるときだってありますよね。言うことは聞いてくれない，泣き止まない，もうどうしたらよいの〜ってなります。そのお気持ちは，十分に分かります。
そしてちょっとお出かけすると，楽しそうにしている親子を見ると，「なんで自分ばかり」と感じるのも当然だと思います。

まず，Ｃさんのご実家，ご主人のご実家などに頼ることは難しく，ご主人も協力はしてくれているものの，仕事もあるので休みの日の少し……というのが現状なわけですよね。

怒りを抑えて優しく，子どもを愛して育てるためにどうしたら良いか，そこを目指したいのがＣさんの望みですよね。

そこに向かうためには，Ｃさんが休める時間を確保することがまず必要だと考えています。誰でも慢性的に睡眠不足でとても体力のいるハードワーク（子育てや家事）を続けていれば，みんな心の余裕がなくなって，ちょっとしたことで怒りやすかったり，ものすごく嫌だと感じたりしやすくなります。これは心の，もっと言うと脳の自然な反応です。

ですので，私はＣさんにまず必要なことは休息や睡眠を取れる日，時間を確保し，心身ともに少しでもよいからリフレッシュすることが大事だと思うんです。
そのためには，ご主人の協力をお願いすることがありますよね。実際のところ，ご主人にというのはかなり無理がある感じでしょうか？

お住まいの地域のなかに，一時保育をしてくれる施設というのもあります。そして，有料サポートというのもあります。この有料サポートは地域によっても異なると思いますが，家に来て子どもを見てくれたり，家事をやってくれたりなどが想定されます。

またそうした地域にあるものは，おそらく保健センターの保健師さんなどが一番，実情を含めて知っているかと思います。大変なんだということ，体調がつらくて参ってしまっていること，そうしたことを伝えて，ご相談をされてみるということもひとつかなと思いましたが，いかがでしょう？　大変なんだというところまでを伝えて，言いたくないことは置いておけばよいんです。

人には言いにくいお気持ちを安心して話してもらえる，このカウンセリングと並行してご利用いただける支えのひとつとして，児童相談所の「189」ダイヤルに電話をして相談できることも，覚えておいてくださるといいかなと思います。世間には通告だけの窓口だと誤解されていますが，これはお子さんを育てているすべての方がしんどいときに利用できる相談窓口となっています。もしよければ見てみてくださいね。URL も入れておきます。
https://www.mhlw.go.jp/stf/seisakunitsuite/bunya/kodomo/kodomo_kosodate/dial_189.html

まず C さんが少しでも休むための時間を作ることが大切だと考えて，以上のようなご提案をしてみたのですが，C さんはどう思われますか？

また最後になりますが，もし余裕があればで良いのですが，今の生活のリズムや流れであったり，日中に何をしているのかといったことを教えていただけますか？　また，少しでも気分転換になるような時間などはありますでしょうか？

それでは，またお返事をお待ちしていますね。ここから一緒に考えていきましょう。

 ## 返信メールの解説

(1) 対応方針

①相談してくれたことを労う

　本事例のＣさんは，本当に満身創痍のような状況で来ていると考えられる。そのため，今回，私の返信内容のなかで最も気をつけている点は，助けを求めてくれたことへの感謝や，日々の子育てを頑張っていることなどへの労いを随所に入れることである。勇気を出して相談に来てくれたことに対する労いや感謝を伝えることで，また相談しようという気持ちや，こちらに返信する行動が促進されるものと考えられる。大変な状況下で誰かに助けを求めることは困難な場合が多いが，それでも相談行動を起こしてくれたことを，まずは労うことで次回以降の相談へとつなぐ。

　応用行動分析の視点で見れば，相手の行動にこのように感謝を伝えることは，その行動を強化することになり，その行動の頻度を高めるための関わりとなる。それと同時に，ヒューマニスティック・アプローチの視点で見れば，こうした関わりは，共感してもらえた，大変さを分かってもらえたといった体験をもたらすものとなる。このことは信頼関係を構築するためにも非常に重要になる。

　今回の事例では相談に来てくれたことへの感謝に焦点を当てているが，その他の事例でも，何か新しい試みや考えが書かれていれば，そこは大切なポイントだと考える。そこを丁寧に拾ってはっきり言葉にして返信に組み込むことは，クライエントが変化するための大事な行動に取り組む可能性を高めると考えられる。

②深刻さを認めてサポート資源の情報を伝える

　同時に，本事例は虐待をしないように極限まで頑張っているケースだと言える。しかし，このような状況下にあることを，カウンセラー側は危険な状態として真剣に受け止める必要がある。そのため，メッセージの冒頭で危険な状態であることをはっきり認め，非常に大変ななかで頑張っていることを伝えたうえで，医療機関の受診を勧めるとともに，児童相談所の「189」虐待相談ダイヤルについても紹介した。

③受容と共感を伝える

　Cさんのメッセージから推測すると，おそらく周囲に自分の気持ちを話したり，愚痴を言ったりできる人がいない，もしくは少ない状況にあると推測される。また，Cさんには具体的にどうしたらよいのかを聞きたいという要求もあると思われるが，ただ気持ちを受けとめてほしい，聞いてほしいという思いもあると考えた。そのため，Cさんのつらさを軽減するためには，カウンセラーがCさんの気持ちを受けとめて理解することが大切だと考えられる。この返信では，カウンセリングの基礎スキルである繰り返しや要約を使い，自分の思いを「話せた」という感覚，「誰かに聞いてもらえた」という感覚を体験してもらえるよう工夫を行った。

　初めてのメッセージということもあり，話してくれたことを部分的に繰り返したり，少しだけ変えたり，要約して伝えたりすることで，受容的，共感的に関わることも工夫して行った。とはいえ，テキストカウンセリングにおいては，シンプルな繰り返しは，使いすぎると「なんだかこの人，私の書いたものと同じことばっかり言っている」という感覚を相手に抱かせやすい傾向にある。私自身，繰り返しを多用しすぎたことによって，クライエントとの信頼関係をうまく構築できなかった苦い経験がある。

　だからこそ，単に繰り返すのではなく，メッセージには明確に書かれていないもの，たとえばCさんの感情や考え，想いなどを推測して伝えるということも，重要なポイントだと言える（返信のなかでは「それを保健師さんは

もちろん，……Ｃさんが葛藤されているということがすごくよく伝わってきますからね」などが該当）。そうすることで，カウンセラーは分かってくれた，しっかりとメッセージを読んでくれた，という感覚をもたらすことができると考えられる。

④ノーマライズする

　また，Ｃさんのつらさを軽減するためにも，「Ｃさんの状況であればそう感じることは自然なこと」というように，ノーマライズすることも大切である。Ｃさんは周囲の母親が楽しそうにしていて，なんで自分だけという想いも抱えている。こうした大変さは自分だけなのではないか，自分だけがおかしいのではないか，といった感覚に陥っていることが考えられる。そのため，「同じような状況であれば他の人でもそうなってしまうだろう」と伝えることは，救いになるメッセージだと言える。これらの点は，次の返信につながっていくように特に意識した部分となる。

(2) 問題の見立て

①子育て環境に焦点づけてＣさんと幼児を含むシステムの悪循環を描き出す

　Ｃさんの生活においては，SNSや子育てに関する記事などでもよく見かける，いわゆる「ワンオペ育児」という状況が，お子さんが生まれてから今に至るまでずっと続いていると考えられる。頼れる人もおらず（もしくは頼れると感じられる人がおらず），心身ともに非常に過酷な状況下に置かれている。つまり，過度にストレスがかかっている状況で，睡眠不足やＣさん自身の食事も後回しになりやすい状況にあり，それらが体重の減少にもつながったものと思われる。

　このように，この返信では，単にＣさん個人のなかに理由や原因を求めるのではなく，環境要因に焦点づけ，環境要因とＣさんの反応との悪循環に注目して問題を見立てている。Ｃさんの環境にはストレッサーの量が多く，慢性的な睡眠不足がある。それに加え，子育ては，健康な人であっても体力的

にも精神的にも大変なものである。そうした環境要因のために，Cさんのストレス反応が上昇し，気分の低下やイライラ感が生じやすい状態になっていると考えられる。つまり，環境からのストレスが認知や感情に影響し，それを受けてイライラに駆られた行動が増加し，さらにそれが幼児のぐずる反応を引き起こし，という具合に連鎖していっている状態だと思われる。

　そのため，まず最初に，今のストレッサーがあふれている環境を少しでも変えることが重要だと言える。そうした方針は，Cさんのなかに原因を求めるものではないため，Cさんの気持ちの負担も少なくなるだろう。

　育児をしていくうえで，Cさんが周囲に頼ったり助けを求めたりしなければならない状況は，今後もあると想定される。今回のことで周囲に頼ったり，使える資源を探したりすることを経験することは，これからの子育て生活を長い目で見たときにも，Cさんにとって役立つものとなるであろう。

②Cさんの取り組みを促す

　また，環境に注目して変えていく場合でも，Cさん自身がそこに関与して行動することが必要となる。環境を変えていくための行動に取り組むことは，お子さんと自分のために何か行動をしている，自分の望む未来のためにやれている，という感覚をもたらすことにもなると思われる。行動が変わることで，Cさんの認知や感情にも変化が起きることも期待できる。

　このように，Cさん個人の内的な要因に注目するのではなく，まずは環境要因に焦点を当て，環境要因に取り組むためにCさん自身の行動を少しずつ変化させていけば，その結果として気分の改善やストレス低下がもたらされ，余裕を持って子どもに関わることができ，さらにその結果として，お子さんの反応も良くなり，お子さんに対する愛情を感じることも増えるだろうという見立てを行った。

③社会資源につなぐ

　また，Cさんは，お子さんに手を出しては駄目だと強く意識しているため，深刻な虐待にすぐに直結するような状況ではないかもしれない。しかし

ながら，このままストレッサーが多い状況で，頼る先がない状況，もしくは頼る先がないとCさんが考えている状況が続くことは，虐待やそれに類する事態につながる危険性は十分にあると考えられる。そうなってしまう前に，使える資源とつながり，可能な対処法を増やしておくことが肝要だと言える。

その視点から見たときにも，環境に焦点化することが有益であると考えた。子どもはまだ2歳になったばかりで，母子保健事業における乳幼児健診や保健師への相談も利用しやすい。過去に保健センターに何度か足を運んでいると思われるため，こうした資源はCさんにとって利用しやすいものだと思われる。そのため，お子さんが小さい段階では，地域の保健センターは重要な資源だと思われる。

ただ，Cさんには周囲に助けを求める行動のレパートリーが乏しいために，この提案はハードルが少し高いかもしれない。しかし，今回，オンラインで助けを求めてくれたため，ひとつのハードルを超える経験ができているとも言える。ここでの相談を通して，地域にある資源に助けを求めることへのハードルも下げていきたいと考える。また，地域にある資源を知り，利用することは，今後，長期間の支えにもなるであろう。オンラインでの相談は期間限定となりやすいが，地域にある資源の活用は長期的に利用できるため，非常に重要な位置づけにあると考えられる。

(3) まとめ

Cさんのメッセージから，私なりに以上のようにアセスメントを行った。

アセスメントは，そのすべてを長々と伝えるのではなく，端的にフィードバックすることも大切である。Cさんのように時間を取りにくい状況であれば，長々としたメッセージはかえって負担となってしまう場合もある。それゆえ，Cさんの現状は非常にストレスフルであり，身体の面から見ても疲れが蓄積していても当然だと伝え，まずは休むことが必要だという考えを端的に伝えた。テキストカウンセリングでは，一度に多くの情報を伝えることが可能なものの，相手の状況を考えて，負担にならないメッセージの量や内容

に留めるという判断も必要だと言える。

　相談に来てくれる方のなかには，非常につらいなかでオンラインカウンセリングに申し込む方も，仕事などで多忙を極める状況の方もいる。だからこそ，そうした相手の状況を考えて「あれもこれも伝えたいけど，今はちょっと我慢してこっちから伝えていこう」という選択も大切になる。私もCさんへのメッセージのなかで，今の生活の状況や，ソーシャルサポートについてなど，聞きたいことがたくさんある。ただ，一度のやり取りのなかにこれらを詰め込むことは負担になる可能性があることを考慮し，今回の返信ではCさんのつらさに焦点を当て，それを受けての見立てと説明に絞った内容とした。

　メッセージを送る先には必ずその読み手がいて，その読み手となるクライエントの生活がある。それを想像することも，メッセージを作成するうえでは大切だと考えられる。

Column 曖昧表現を使うべきところと避けるべきところ

[杉原保史]

　メールであれ，チャットであれ，ビデオ通話であれ，対面であれ，一般に，カウンセラーはクライエントとの対話で曖昧な表現をよく使う。「〜かもしれません」「〜の可能性があります」「〜のような」といった，単刀直入に言い切ることを避けて，曖昧化する言い回しである。

　これにはいくつかの理由がある。まず，カウンセラーの扱う内容は，主にクライエントの心の中で起きている現象であるため，そもそも断定的に言うことが難しいということがある。クライエント自身にとっても不明確であることも多い。そのため，曖昧な表現のほうがふさわしいということである。また，カウンセラーの発言の目的は，クライエントに事実を伝達することではなく，クライエントにこういう視点をとってみてはどうかと示唆し，その視点から考えてもらうことにあることが多い。そのため，ひとつの可能性を

示唆するような言い方になる，ということもある。また，クライエントとの信頼関係がまだできていない状況では，クライエントにとって明確に違っていると受け取られる事態を避けたほうがよいという観点から，曖昧表現が用いられることもある。

これらはいずれも，カウンセリングを効果的に進めるうえで確かに大事なことである。しかし，ときには曖昧表現が裏目に出ることもある。たとえば，成人女性のクライエントからのメールに，夫婦間の出来事が書かれていて，クライエントがドメスティック・バイオレンスの被害を受けているものと読み取れるような場合，「それはつらい状況かもしれませんね」「現状はDVに近いような感覚なのでしょうか」といった曖昧表現は，逆効果である。クライエントはカウンセラーとの間に距離を感じるだろう。メールの情報だけでは断言できない場合でも，「それはとてもつらいですね」「それはDVだと私には思えます」「現状をDVと見なしても妥当だと思います」というように，より明確な言い回しにするほうが，クライエントに必要なサポートを力強く提供することになり，より適切である。

メールカウンセリングの返信で明確な言い回しをすることは，カウンセラーにとって勇気が要ることである。しかし，そこでカウンセラーが勇気を出して一歩踏み込んだ返信を返すことが，クライエントにはカウンセラーは力強い味方であるという感覚を与え，安心感をもたらす。カウンセラーにその勇気がなく，曖昧な表現でお茶を濁すなら，クライエントはこの人は本気で関わってくれていないんだなと淋しく感じるだろう。

このことは対面のカウンセリングでも同じである。ただ，対面のカウンセリングは密室で，消えていく音声で行われるため，そのことが見えづらいだけであろう。メールカウンセリングでは，それが誤魔化しようのないほどにシビアにあらわになる。

就職活動に始まる負の連鎖

[磯貝麻由]

クライエント概要：Dさん（20代男性），就職活動中の大学4年生
状況：カウンセリングを開始して初めて送られてきたメール

 相談メール

△△大学社会学部4年生です。現在就職活動中です。エントリーシート
は通るんですが，一次面接でダメになり，これまでに30社落ちました。
希望しているのはマスメディア関係です。ゼミの卒業生のほとんどがこ
の業種に就職していて，先生や先輩の話を聞いて興味を持ちました。大
手の出版社やラジオ，番組制作会社などを中心に受けていましたが，す
べて落ちました。この時期になると大手はもう募集がなくて，今から別
の職種に転向しなくちゃいけない状態です。

最近は文字を見るのもイヤで，エントリーシートの「志望動機」とかは，
前に受けた就活セミナーで添削してもらったのを適当にコピペしてま
す。

自己分析もやってみたんですが，自分には何にもないことが分かっただ
けでした。みじめになり途中でやめました。ゼミの友だちは次々と内定
を勝ち取っていて焦ります。自慢話ばかり聞かされるのが本当にキツイ
です。電車でスーツ姿の人を眺めていると，自分はダメな人間だなあ

と，ものすごく落ち込みます。

実家の母が毎晩電話をしてきて就活状況を聞こうとしてくるのも最悪です。昔から過干渉で困ってます。電話で「お友だちの○○さんとこは娘さんが新聞社に決まったけど，あそこは小さな会社だからすぐに潰れるわね」とか言われると，もう何も話したくなくなって，適当に返事して早めに切ってます。その小さな新聞社にすら相手にされない自分がもっとみじめで，これまでに受けた会社から補欠の連絡がこないかなーとか想像をしたりしてます。すごくみっともないのは自分でも分かってます。

友だちから遊びに誘われても行かないと断ってたら，誰からも誘われなくなりました。毎日一人でご飯を食べてます。最近は眠れなくて，深夜～明け方まで YouTube とか Twitter を見たりひたすらゲームしてます。昨日，ゼミのときに先生から就職活動の様子はどうだと突然聞かれて，答えようとしましたがうまく言葉が出なくなり，貧血のような状態になってしまいました。医務室に行き，そこで学内の相談室を紹介されましたが，話した情報が先生や学務課に共有されることを思うと，はずかしくて利用できません。Twitter でこちらのカウンセリングを知ったので，申し込んでみました。僕は今，いったいどうすればいいんでしょうか。助けてください。

クライエントへの返信メール

Dさん

はじめまして，カウンセラーの○○です。

ご相談の内容を丁寧に書いてくださり，ありがとうございます。

頷きながら読ませていただきました。

カウンセラーには守秘義務がありますので，安心してお伝えくださいね。

これまで就職活動にひたむきに取り組まれてきたDさんが伝わってきました。

30社以上に応募されて，一次面接でダメになってしまうとなると，悔しいだろうなと，やりきれない思いになりました。

希望されているマスメディア関係は，すでに大手の募集がなくなってきているのですね。

焦るような気持ちがある一方で，最近は文字を見るのもイヤで，どうにもやる気が出ないDさんを受け止めています。

そんななか，次々と内定を勝ち取っている友だちの自慢話を聞いたり，電車でスーツ姿の人を見ると，その人と自分とをいつの間にか比較してしまって，自分はダメな人間だという思いが湧いてきて，その思いにとらわれてしまうのですね。そうなると落ち込んでしまいますね。

そのうえ，お母さんから毎晩電話で就活状況を聞かれるとなると，みじめな気持ちになってしまうのも，無理もないなと思いました。

適当に返事をして電話を早めに切っていることは，もう何も話したくないという気持ちに正直に行動できている証拠だと私は思います。それは，人間らしい自然な反応のようにも感じられました。

最近あまり眠れず，貧血のような状態にもなってしまったのですね。とても心配しています。ゼミの先生から就職活動の様子を尋ねられたときには，どう答えたらいいのか分からなくて混乱してしまったDさんが伝わってきました。さぞかし，びっくりされたのではないでしょうか。このまま就職活動を続けることは，かえってDさんのストレスになってしまうのかもしれません。いったん立ち止まって，心と体を休めるこ

とを考えてみませんか。

心理学ではある出来事に対する個人の反応には，気分，考え方，身体，行動が関係しあっているとされています。そのため，身体症状として表れている睡眠の問題や貧血のような状態が改善されると，自然と就職活動に向かう気持ちや考えにも変化が生じると考えられます。

具体的には，Ｄさんが少しでも「気持ちが落ち着くな」「心地がいいな」と思うことをしてみます。それをストレスコーピング（ストレスの対処法）と言います。
今されているゲームや，YouTube，Twitter を見るのも，そのひとつになるのかもしれませんね。もう少しバリエーションを増やしてみましょうか。
たくさん持っていれば持っているほど，自分を助けることができるとも言われています。

短時間でできること，できるだけお金がかからないものが，取り組みやすいかと思います。
体を動かすことも考えられるといいですね。いくつか思いつくでしょうか。

私からは，呼吸法を紹介しますね。
眠れないときには，心も体も緊張状態になっているものと考えられます。
そんなときには吐く息を長めにとると，少しずつ緊張がほぐれていくと言われています。
深くゆっくりとした呼吸を意識するだけでも，リラクセーション効果はありますが，よろしければ以下の方法を参考にやってみてください。

【呼吸法】

①ゆったり無理のない姿勢をとり，身体の力を抜いてください。

②ゆっくり息を吐きます。おなかをへこませながら，もう空気が身体に残ってない，というくらいに吐ききってください。

③吸うときには鼻から，お腹が膨らむようにしっかりと息を吸います。

　1.2.3で吸い，4で止め，5.6.7.8.9.10で吐く，というリズムでこれを繰り返してみましょう。

　まずはこれを1分間，続けてみましょう。

これは10秒呼吸法と言います。YouTube にこの呼吸法を紹介した動画がいろいろあります。1つ，リンクを貼っておきますね。これを見ながらやってみると分かりやすいと思います。よろしければ見くください。

【動画のリンクを貼り付け】

少しでも体調と気力が戻ってきたことが確認できたら，今のDさんにとって必要なことは何か，今後どうしていきたいのかを改めて話し合いたいと思います。いかがでしょうか。

もしも，あまりピンとこないな，というような感想を持たれた場合には，その気持ちもそのままここに書いてくださると嬉しいです。頭や心の中にあるモヤモヤを書き出すことは，「外在化」といって立派なストレスコーピングです。一緒に考えていきましょうね。

 ## 返信メールの解説

(1) 問題の見立て

　ここでは，主訴である就職活動を中心に，身体，心理，環境の3つの側面からクライエントの抱える問題を考えてみたい。

①身体

　就職活動による，長期に及ぶ持続的なストレスの症状が，不眠に表れていることがうかがわれる。また，ゼミの先生に就職活動の様子を突然聞かれて，咄嗟に言葉が出なかったときの状態を「貧血」と表現している。この段階では，実際に貧血かどうかは定かではなく，就職活動への不安や焦りによる，パニック発作と考えてもよいだろう。

　抑うつ症状による不眠も疑われるが，ゼミに出席できており，不規則ではあるが日常生活を送れていると感じられるため，比較的健康度は高い状態であると推察する。しかし，このまま無理に就職活動を続けると，就職活動がうまくいかないから劣等感を感じる，劣等感を感じて落ち込むことで就職活動がうまくいかないという悪循環が続き，ますますエネルギーが低下して，うつになる可能性もある。よって，いったんこのタイミングで就職活動を停止して，これまでの就職活動を振り返り，再び就職活動に臨めるよう立て直す必要がある。すでに，この悪循環のプロセスの中で疲れが溜まっていると見てとれるため，まずは心身の回復が最優先となる。

②心理

　クライエントは，マスメディア関係の大手企業にねらいを定めて就職活動を進めてきたが，いまだ内定が出ていない自分と，内定を勝ち取る友人たちとを比較し，強い焦りや不安を感じている。他者との比較による劣等感や恥といった感情が，ますますクライエントを孤立させている。貧血のような症状になり，医務室に行くことはできても，紹介された学内の相談室の利用には抵抗を示している。先生や学務課に共有される不安と，周囲への不信感がうかがえる。だが，「僕は今，いったいどうすればいいんでしょうか。助けてください」との結びの一文から，誰も信じられないけれど誰かを信じたい，どうにかして踏ん張りたいという思いが読み取れる。そしてその奥には，自分を信じたいという心の声も聴こえてきそうである。

　クライエントは，過干渉な母親からの毎日の電話にうんざりしている。就

職活動の状況を尋ねられることすら嫌なのに，母親の友人の娘の就職先と，それに対する母親の意見や評価を聞かされることよって，ますます劣等感や恥を強くして追い詰められている。そのことに母親は気づいていないようだ。他者との比較から自己を認識するクライエントの傾向は，母親から伝達され，知らず知らずのうちに取り込まれたものであると見ることもできる。一方で，過干渉の母親に対して，もう何も話したくないという自分の気持ちに気づき，適当に電話を切るといった行動は，クライエントの自立が感じられる健康的な一面であると言える。

③環境

　実家を離れて一人暮らしをしているであろうクライエントは，友人からも誘われなくなり，ますます周囲から孤立しているようだ。精神的にも支えがなく，学内のキャリアセンターなどのサポート資源もうまく活用できていない。「自分に何もないことが分かっただけ」と書かれていることから，自己分析のやり方にも課題があることがうかがえる。大学での様子は，主にゼミのことしか書かれていない。就活状況を気にかけているのは，ゼミの先生だけなのだろうかと疑問を感じる。

　大手の募集がなくなってきていることから，クライエントは就職活動に焦りを感じている。その一方で，大手にこだわらなければ募集があるとも読めるため，心身が回復したのちにじっくりと就職活動を立て直し，再スタートを切るだけの時間はあると言える。

　「友達からの誘いを断っている」という一文からは，クライエントに交友関係があることがうかがえる。今は就職活動による焦りと劣等感から，交友関係を遮断せざるを得ない心理状態ではあるが，本来は他者と協調し，交友関係を育めるクライエントの健康的な一面が感じられる。

(2) 支援方針

　クライエントの悩みは，就職活動がうまくいかないことに端を発しているため，キャリアコンサルティングが求められていると考えてよいだろう。し

かし，今は就職活動への気力が著しく低下していることがみてとれるため，心身の回復への支援を優先したい。よって，問題の見立てをもとに，今後の支援方針を次のように考える。

①信頼関係の構築

　SNSで見つけたカウンセリングサービスに申し込み，悩みを打ち明けた勇気を支持し，承認したい。カウンセラーが読んだかどうかもすぐに確認できない非同期型のコミュニケーションに，大学4年生のクライエントはあまり馴染みがないことが想像できる。よって，不安な気持ちでカウンセラーからの返信を待っているであろう。したがって，しっかりと読んでいることと，クライエントが自由に語れる場であることを，丁寧に伝えていく必要がある。

②現状の要約と理解の促進

　クライエントは就職活動の焦りと不安にとらわれており，視野が狭い状態にある。それゆえ，心身の回復を最優先とする支援方針は，合意が得られない可能性がある。したがって，現状の要約と心理教育により理解を促す。

③心理教育

　認知行動療法の理論を説明して，ストレスコーピングへの理解と取り組みを勧める。クライエントが考えやすいよう，ストレスコーピングの具体例をいくつか挙げ，見つけ方のヒントも示す。ただし，今後，睡眠の問題や貧血のような状態が改善されないようであれば，専門医への受診を勧める必要がある。

　心身の回復を確認したのちに，改めてクライエントの将来への希望を明らかにする必要があるだろう。その際には，就職活動に限定せず，クライエントが自らの課題を認識し，言語化できるよう支援する。就職活動を再開するのであれば，もう一度自己分析から始めることを促し，興味や価値観を明確にする。これまでの就職活動の振り返りを通して目標を再設定し，実現可能な行動に落とし込んでいく。

　世間体や他者との比較から自己を認識しがちな性格傾向が，今後の就職活

動や対人関係に望ましくない影響を及ぼすことも予想される。そのため，中長期的な視点では，アサーティブコミュニケーションの教育も必要になるだろう。

(3) 返信文について

　初回の返信文は，クライエントとの信頼関係を構築する重要な場面である。クライエントからのメッセージを何度も読み，分かりやすい文章の作り方や文章表現に留意する必要がある。分からない情報がいくつかあり，気になるところではあるが，単なる一問一答のようなやり取りを避けるためにも質問は最低限に留め，クエスチョンマークは使っていない。

　「最近は文字を見るのもイヤ」と訴えていることから，分かりやすい言い回しと，できるだけ1つのセンテンスが短くなるよう工夫している。

　初回では，問題の見立ておよび支援方針の中から，特に重要だと思われる以下の2つに絞って返信文を書いている。

①信頼関係構築のための受容・共感的な関わり

　相談することを恥と捉えているクライエントの警戒心を解くために，冒頭で守秘義務の遵守をしっかりと伝えている。特に，前半は信頼関係の構築を重視して，「〜伝わってきました」「〜感じられます」という文章表現で，受容と共感的理解を示している。さらに，「頷き」という非言語的な反応を言葉で表現することによって，丁寧に読んでいることを伝えている。これまで就職活動を頑張ってきたことを労うとともに，現状に焦りや不安を感じるのは無理もないことを，Iメッセージ（アイ・メッセージ）を使って受け止めている。

　母親からの電話に適当に返事をして，早めに切り上げるという行動は，わずかではあるものの自立の芽と捉えられるため，「正直」「人間らしい自然な反応」といった表現で承認し，支持している。

②心身の回復

　今の心身の状態からは，就職活動を続けること自体がストレスを増幅させ

てしまいかねないため，休むように働きかけている。ただ，就職活動への焦りと不安で頭がいっぱいのクライエントにとって，いったん就職活動から離れるという提案は，受け入れ難いものであると想像する。したがって，休むことでエネルギーが回復し，気力や考え方，行動にもプラスの変化が生じることを，認知行動療法の「生活体験の5つの領域」を引用して説明している。

　また，今できることとして，ストレスコーピングを提案している。イメージがしやすいよう具体例を示したり，クライエントがすでにやっていることのなかにも，ストレスコーピングにあたるものがあることも強調している。それだけでは，心身の回復にはつながらないことを想定し，ストレスコーピングのバリエーションを増やすことを促している。

　カウンセラーからは，呼吸法を文字と YouTube 動画のリンクを貼って紹介している。クライエントが慣れ親しんでいる YouTube 動画であれば，コーピングの実行への動機づけになりやすいと考えたからである。

　非同期型のテキストカウンセリングでは，カウンセラーの提案に対するクライエントの理解の程度や，取り組みへの意欲を，その場で確認することができない。それゆえ，押し付けがましさが出ないよう，違和感があれば言語化してほしいと働きかけている。実際，そのままフェードアウトに至るケースも少なくないからである。

　最後に，書くこともストレスコーピングにあたることを伝え，次回につなげる結びとした。

(4) 今後の見通し

　クライエントの理解と同意が得られれば，このままカウンセリングは進むであろう。しかしながら，心身ともに健康であることを防衛的に強調した返信が返ってきて，就職活動への具体的な問題解決を求められることもある。その場合は，クライエントの意志を受けとめ尊重し，丁寧に確認する必要がある。そのうえで，支援方針を変えることも想定しておきたい。

　非同期のテキストカウンセリングでは，カウンセラーが何度もメッセージを読むうちに，行き過ぎた見立てにとらわれてしまうことがある。自身の見

立てに固執することなく，あくまでも，文字から伝わるクライエントの気持ちを感受性豊かに感じ取り，しなやかに寄り添うことを忘れてはならない。

Column　外部サイトにある情報をリンクで活用

[杉原保史]

　メールカウンセリングや SNS のチャットカウンセリングでは，リンクによってインターネット上の情報を簡単に取り入れることができる。基本的には文字だけのカウンセリングであっても，YouTube などの動画のリンクを貼ったり，心理テストができる Web サイトのリンクを貼ったりできる。クライエントはスマートフォンでそうした多様で豊富な資料を持ち歩き，いつでも簡単に手元で参照することができる。

　たとえば，不安が強いクライエントのカウンセリングでは，リラクセーションのための呼吸法を導入することがある。そうした場合，呼吸法のやり方を文章で説明するとともに，YouTube の呼吸法の解説動画のリンクを貼ることができる。YouTube で呼吸法を検索すると，たくさんの動画が表示される。ヨガの先生が上手に呼吸法を解説し，優雅にデモンストレーションをしている動画がいくつも見つかるだろう。そのなかで，クライエントに合っていると思われる動画のリンクを貼って送る。今，多くのクライエントはどこへ行くにも常にスマホを携帯している。だからクライエントはいつでもどこでも，気が向いたときに，その動画を見ながら呼吸法の練習をすることができるのである。そのため，こうしたネット上の資料は，本や紙の資料よりも，クライエントの取り組みを助けるうえで，ずっと有用性が高いものとなる。

　メールやチャットでは，リンクから，睡眠記録アプリや，瞑想誘導アプリ，呼吸法の誘導アプリなど，悩みの緩和に向けたクライエントの取り組みを補助してくれるアプリのダウンロードサイトに飛ばすこともできる。メールやチャットによるテキストのカウンセリングは，文字だけのカウンセリングではあるが，マルチメディアに開かれたカウンセリングでもある。

自分の気持ちが分からない
ことへの戸惑い

[野口多香子]

クライエント概要：E さん（10代男性），大学生
状況：人との交流がうまくできないという主訴について，インテーク1往復
**　　　済み，2回目に送られてきたメール**

 ## 相談メール

先生，こんばんは。返事読みました。「そのとき，どんな気持ちだったで
しょうか」と聞かれましたが，正直なところ全然分かりません。思い出
してみようとしましたが，頭の中が空っぽで何も出てきません。考えよ
うとするんですが，はっきりとした言葉？が浮かばず，どんなことを返
すのが正解なのかとか考えてしまいます。

初めの回でもお伝えしましたが，僕は小さい頃，あまり感情を出さない
子だったと母に言われました。でも，僕はちゃんと泣いてたし怒ってた
記憶があります。2歳上の兄貴とめちゃくちゃ仲が悪いんですが，よく
何の理由もなく蹴られたり，大事にしていたおもちゃを壊されたリバカ
にされたりしてました。泣きながら母に訴えても，喧嘩両成敗の人で，
まったく取り合ってもらえませんでした。

一緒に暮らしていた祖母は勉強のできる兄が自慢で，すごくかわいがっ
ていて，僕には冷たかったです。数年前に亡くなりましたが，そんな人

だからお葬式でも一切泣きませんでした。泣いてる親戚を見ながら，僕は冷たい人間なのかなと思ったんですよね。自分は何かが欠落しているのかもと思います。正月に親戚が集まった席で話してたとき，医者をしている叔父から，お前はアレキシサイミアなんじゃねえのと言われて，それからそのことがすごく気になっています。ネットで調べてみましたが，薬で治るようなものではないんですよね？　カウンセリングを根気よく続けることが大事だとか，改善は難しいとか書かれてました。

自分の感情が分からないのって，変なことでしょうか。最近付き合いだした彼女からも「なにを考えているのか分からない」と喧嘩のときに言われ，私の気持ちを想像したら分かるでしょ等々，責められました。そういった場だと本当になんと言っていいか分からず頭が真っ白になってしまって，とにかく謝ってその場をやり過ごすことで必死になってしまいます。オンラインでのテキストカウンセリングなら，顔も名前も出さずにすみますし，先生から聞かれたことについてゆっくり時間をとって考えられるのではと思っています。

よろしくお願いします。

 ## クライエントへの返信メール

E さん

こんばんは。今日は，暖かでとても良いお天気でしたね。お返事ありがとうございます。

E さん，質問に対して，一生懸命に考えてくださいましたね。相当なエネルギーを必要とする作業だったと思います。E さんが，何かしらの答えを見つけ出そうと，時間とエネルギーを使って「考えること」を試み

てくだったことが伝わってきました。

そして，考えてみた結果についても率直なEさんの感覚を教えてくださりありがとうございます。頭の中が空っぽで何も出てこない……そんな感覚だったのですね。ご自身の感情が分からない……それは困惑することですよね。とはいえEさんは，「困った感情」をご自身で感じ取られて，今回カウンセリングをお申し込みくださったのかなぁと感じました。

Eさんは，2歳年上のお兄さんがいらっしゃるのですね。何の理由もなく蹴られたり，大切にしているおもちゃを壊されたり，バカにされたりと……とても嫌な思いを経験されてきたのですね。小さな身体で必死に耐え，そしてお母さんにそのことを訴えられても取り合ってもらえないこと，どれほどの悲しみや悔しさをお一人で胸に抱えられてきたのだろうか，想像しようとしてもしきれません。また，おばあさんからの対応にも，Eさんとお兄さんとの間で大きな差があったのですね。そんな不公平な関わりが当たり前であったのなら，とても理不尽ですね。

おばあさんの葬儀で泣かなかったことで，もしかしたら自分は何かが欠落しているのかも……という考えが出てきてしまったのですね。おばあさんから差別的に扱われるという関係のなかで，Eさんが理不尽さを感じ，憤りを感じ，屈辱や無力感を感じてこられたのだとしたら，そして，そうした気持ちをあからさまに表現してはいけないと感じておられるとしたら，涙が出ないし，何も感じないという「感情状態」になるのも当然なことと思います。

私が，Eさんのお立場だったら，葬儀でどのような反応になっていたかなぁと，私なりに少し想いを馳せてみました。やはり，おばあさんから受けた過去の冷たい印象が思い出され，なんとも表現の難しい複雑な気

持ちが湧き上がり，私もEさんと同じように，泣けなかったと思います。このような状態が，幼少期からずっと続いていたのであれば，なおのこと葬儀で泣けなかったという状態は自然なことだと思いますよ。

さらに，お正月に集まった折に叔父さんから追い打ちを掛けるように「アレキシサイミアなんじゃねぇの」と言われ，Eさんの心がどれほど大きく揺すぶられてしまったか……そのこともとても心配しています。今も，そのことがずっと気になっていらっしゃるのですね。叔父さんは，医師というお立場ということもあり，Eさんとしては，余計に叔父さんの発言が気になってしまう状態であるのかなぁと思います。叔父さんの今回のお言葉は，かなりEさんの心にずしんと重くのしかかるような感覚だったのかなぁと感じています。Eさんが，その後もずっと気になってしまうのも当然だと思います。

Eさん，彼女にも責められてしまうことがあったのですね。このような状況になると，頭が真っ白になってしまい，彼女に謝りその場をやり過ごすことに必死になってしまう……というパターンになってしまうことが多いのですね。「頭が真っ白になってしまう」とありましたが，何か身体に感じる変化はありましたか？　たとえば，心臓がドキドキする，身体が熱くなる，冷たくなる，手に汗握る等の変化はありましたか？

また，「自分の感情が分からないのって，変なことでしょうか」と書いてくださいましたね。自分自身の感情を捉え難くなってしまうことは，変なことではないと思います。私たちの感情は，意識せずとも自然に湧き上がってきますよね。その湧き上がった感情の感じ方，捉え方，受けとめ方は，人それぞれ変わってくるのかなぁと思います。

おばあさんの葬儀場面を例に少し考えてみますね。おばあさんの葬儀に参列しているという状況は誰にとっても同じ状況ですね。しかし，生前

のおばあさんとの関係性は，人それぞれ違っているはずです。葬儀という同じ状況下であっても，育ってきた環境やおばあさんとのこれまでの関係性によって，その場で湧き出てくる感情は，参列されていた皆さん一人一人，違っていたのかなぁと想像します。おばあさんからの対応に，Eさんとお兄さんの間で差があったという状況や幼少期のお兄さんとEさんの関係性等を考えると，葬儀の場で「悲しい」という感情が湧き上がってこなかったことは，むしろ自然な反応だったのではと感じます。

お母さんは，Eさんに対して，あまり感情を出さない子だったと言われていたのですね。しかし，Eさんご自身は，泣いたり怒ったりした記憶はあるのですね。「自分の感情が分からない……」とご自身で気づかれたのは，いつ頃でしたか？　また，小学校～大学生活でのお友だちとの関係性のなかで，Eさんの記憶に残るエピソードはありましたか？　楽しかったこと，嬉しかったこと，悲しかったこと，つらかったこと……どんなことでもよいので思い出せたことを教えてくださいね。過去の記憶を辿る作業は，心のエネルギーを消耗する作業なので，Eさんのペースで行ってくださいね。もし，私からの質問や問いかけが，ご負担になってしまうようでしたら，どうか遠慮なくおっしゃってください。このメールでのやり取りは，Eさんと私だけのやり取りになりますので，どうか安心してお話してくださいね。

文字だけのやり取りになるので，Eさんと私の間で，すれ違いや行き違いが起こることがあるかもしれませんが，そんなときは，「こうですよ～」と教えてくださいね。これからのセッションでは，Eさんの心の声にゆっくり耳を傾けながら，Eさんが感じたことや想ったこと，そして私が感じたことや想ったことをやり取りして……このようなやり取りを続けていく過程のなかで，解決の糸口を一緒に探していけたらと考えています。

Eさん，おつらい状況が続いているので心だけでなく身体的な変化も少し気になります。睡眠や食事などは安定して取れていますか？　心と身体は密接につながっているので，もし何か気づいたことがあったら，こちらも教えてくださいね。

 ## 返信メールの解説

(1) 全体をふり返って

　Eさんの「人との交流がうまくできない」という主訴の要因のひとつに，養育環境の影響が考えられる。幼少期に悲しさ，怒りや憤りなどの率直な感情を家庭内で表出しても，そのつらさを受けとめ，共感してもらえなかった家庭環境であったことが推測される。また，ネガティブな感情だけでなく，「嬉しい」や「楽しい」などのポジティブな感情も，家庭内で受けとめられていなかった可能性もある。感情を受け止めて貰えない虚しさや淋しさが，長い時間を掛けて少しずつ蓄積していき，自分の感情に蓋をすることで自身の心を守るという，自己防衛機能が働いていた可能性も考えられる。

　これまでのやり取りのなかで，父親の存在が話題になっていないことも，やや気になる点である。家族を互いが互いに影響を与え合うシステムとして捉えるシステム論の視点から考えると，家庭内での父親の立ち位置についても，今後，少しずつEさんに確認していくことが必要であると思われる。

　また，「兄は優秀で祖母の自慢」だと述べられている部分に関連して，Eさんの学校での学習面やコミュニケーションスタイル等がどうだったのかについても，確認していけるとよいだろう。たとえば，学習面では，知識を問うような種類の教科だけではなく，感想文，作文や図工など，自身の感情を使う課題がどうだったかという点も，状況をみながら確認していきたい部分である。また，Eさんの書き込みのなかの，「どんなことを返すのが正解なのか」という部分は，気になるところである。「正解を見つけなければならない」「正しく答えるべき」のような「思考の偏り」の傾向があるか否か，この部分もアセスメントの項目として心に留めておきたい部分である。

彼女との間のエピソードからも，何かヒントが得られそうである。この部分を読んだ際，カウンセラーの頭の中では，「誰かを好きになる感情はあったのかな？」という素朴な疑問が浮かび上がった。この点について，Eさんのペースに合わせながら少しずつ深く探索していくことで，Eさんの「感情探し」のきっかけにつながればと考える。

カウンセリングで取り扱う問題の優先順位についても，考えておく必要がある。「過去の家族関係」からいきなり入り込むと，Eさんに大きな心理的負荷を強いてしまうことが危惧される。たとえば，「現在に焦点を当てた彼女との関係性」から取り扱うなど，なるべくクライエントの心理的負荷が小さいと想像される話題から取り上げることで，クライエントへの負荷を最小限に留めるよう配慮したい。その際にも，クライエントへの心理的負荷を問いかけ，確認しながら柔軟に対応することが必要である。

以上，いくつかの視点から考えられる可能性について述べてきたが，現段階では，Eさんの主訴の原因となっている要因を特定することは難しい。今後，Eさんから語られるエピソードに注意深く耳を傾け，言葉の背景に隠れているかもしれないEさんの「感情」を，丁寧に読み解くことも注力していきたい点である。当面のカウンセラーの関わり方としては，いくつかの仮説を念頭に置き，Eさんとの信頼関係を構築しながら，ゆっくり丁寧な対話を心がけていくことが基本的な関わり方になると考える。

(2) 返信文の流れに沿って

返信文の冒頭では，Eさんへの挨拶と，返信を書いてくれたことに対してのお礼を短く述べている。挨拶やその日の天気など，相談の本題から離れた言葉かけによって，クライエントの波長に合わせられるとよいだろう。本題とは直接関係のない日常的なやり取りから，クライエント理解につながる場合もある。たとえば，体調，食事や睡眠などの話題を取り入れることで，生活リズム等の情報収集に役立つこともある。こうした雑談的な日常会話のなかから，クライエントの昼夜逆転傾向や睡眠状態等の情報を，自然な形で把握することができる。特に初期の段階では，クライエント側の心理的な壁と

して，カウンセリングを受けることや，カウンセラーに対してのある種の「構えの姿勢」があると思われる。やり取りのなかに雑談を織り交ぜることで，クライエントのカウンセリングやカウンセラーに対する心理的ハードルを低くする効果も期待できると考える。

　Eさんはカウンセラーからの問いに対し，自身で過去の記憶を探り，答えを何とか見つけ出そうと努力していた。過去に立ち戻り，記憶を辿りながら自分の感情を探るプロセスは，Eさんにとって相当なエネルギーを必要とする作業であったと考えられる。返信文の冒頭では，カウンセラーの問いに対し真摯に向き合ってくださったことに対しての労い，大きな心理的負担が強いられる作業に取り組んだ大変さを受けとめ，そして共感を伝えた。また，Eさんは，ご自身が抱えられている問題を「何とかしたいという想い」を持たれて，今回のカウンセリングに申し込まれたと考えられる。Eさんのなかには「困った感情」が存在しており，その「感情」がカウンセリングを受けてみようという動機につながったのではと推測できる。しかし，この部分についてEさん自身が気づかれていない可能性もあるため，カウンセラーが感じたことを伝えることとした。

　幼少期のエピソードとして，理由もなく兄に蹴られたり，大事にしていたおもちゃを壊されたり，バカにされたりした体験があり，これはEさんにとって，とても耐え難い状況であったと推測される。その出来事を母親に訴えても，取り合ってもらえないという状況は，Eさんの「つらい感情」が行き場を失い，さらに追い打ちをかけられるような状況であったことが想像できる。それらに加え，「祖母が兄をかわいがり，自分には冷たかった」と祖母の対応に差があることを認識されており，「兄弟関係」「母子関係」に加えて「祖母と孫との関係」も，クライエントに何らかの影響を及ぼしていると考えられる。

　Eさんは祖母の葬儀で泣かなかった自分を，「僕は冷たい人間」「何かが欠落している」と語っている。この記述の部分については，特に丁寧に扱いたい。問題の原因を自分自身の要因として捉え，自責的になっているEさんに対し，Eさんだけの要因ではなく，これまでの養育環境や家族関係等が影響

しているということを伝え，その反応はむしろ「自然な反応」であったことを強調して，Eさんに伝えることが重要であると考えた。

Eさんには，その状況で感じるべき感情について，知的に正解を求める傾向が見られる。感情は自然に湧いてくるもので，個性的なものであり，同じ状況のように見えても，それまでの経験やものの見方によっても違ってくる。「正解の感情」があると考え，その感情を感じないなら「おかしい人間」だと考えて，自分がそうではないかと恐れるなら，感情をうまく感じられなくなってしまうのは自然である。

兄と自分に対する祖母の対応の差は，Eさんにとって理不尽であり，「どうして自分だけ？」「どうしてお兄ちゃんばかり？」という感情を，長きにわたり一人で抱えてきたことが想像できる。その場ではなんとか自分を落ち着かせ，やり過ごすことができていたとしても，その理不尽さを消化することが難しく，そのストレスが徐々に積み重なり，Eさんの「人との交流ができない」という主訴につながっているのではと仮定した。あくまで仮説ではあるが，今回の返信でそのことをEさんに伝えた。カウンセラーが感じたこと考えたことを言葉にしてEさんに伝えることで，Eさんの感情を呼び覚ます助けになることをねらった。

次に，「カウンセラー自身がEさんと同じような立場であったら，どのように感じるだろうか？」と，Eさんになったつもりでイメージワークを行った。カウンセラー自身も何とも言えない，やるせない気持ちを感じた。悲しみや淋しさという感情も出てきたが，どちらかというと心にぽっかり穴が空いたような，「無」に近い感覚を強く感じた。カウンセラーが意図的にクライエントの視点を取り，クライエントと同じ状況に置かれているとイメージし，そこで感じられることをじっくりと体感することは，カウンセラーにとってもクライエント理解につながるヒントを得られる機会になると考える。また，カウンセラー自身が体感したことをEさんに伝えることは，Eさんが「自分だけではないのだな……」「自然なことなのだな……」「冷たいわけではないのだな……」と，自身の捉え方・感じ方を見直すための一助になると思われる。

　医師である叔父の「アレキシサイミアなんじゃねぇの」という発言が，ど
れほどEさんの心を大きく揺さぶったかは容易に想像できる。この発言が，
医療従事者という立場である叔父の発言であることが，余計にEさんの心に
重くのしかかっていると考えられる。Eさん自身も，叔父の発言がきっかけ
となりインターネットで「アレキシサイミア」を検索しており，その後も気
になっている状態が続いていることが語られている。この「アレキシサイミ
ア」については，慎重に取り扱う必要があると考える。カウンセラー側も
「アレキシサイミア」という言葉に一瞬引き込まれそうになるが，現段階で
「アレキシサイミア」は可能性のひとつとして，頭の中にインプットしてお
く程度に留めておきたい。

　最後に，お付き合いをしている彼女とのエピソードが語られていた。ここ
でもEさんは，「自分の感情が分からないのって，変なことでしょうか」と，
カウンセラーに問いを投げかけている。まずはEさんに対し，「変なことで
はない」と率直に伝えた。また，身体的感覚はこの場面でも感じられていた
可能性もあるため，彼女との喧嘩の場面での身体の感覚の変化についての質
問を付け加えた。彼女とのこのエピソードからは，軽いASD的傾向がある
可能性も感じられた。今後，さらに気になるエピソードが語られる場合は，
必要に応じてASD傾向についてもアセスメントしていければと考える。ま
た，頭が真っ白になってしまう状況下で，実際の場面で具体的にどのような
対処法が取れるのかを，Eさんと共に考えていくことも並行して行えると良
い。

　返信文の終盤では，母親から「あまり感情を出さない子だった」と言われ
たことについて触れた。Eさん自身は，「泣いていたし怒っていた記憶があ」
ると語っていたが母親から見た子どもの印象と，Eさんご自身が記憶してい
るご自身の印象に，やや乖離があるように感じた。そこで，カウンセラーか
ら，Eさん自身が自分の感情が分からないと気づき始めた時期がいつぐらい
からなのかと，Eさんに質問を投げかけてみた。また，小学校から現在に至
るまでの家族以外の人間関係について確認することも，クライエント理解に
つながると考える。質問の方法としては，具体的なエピソードを想起しても

らうような質問の仕方のほうが，Ｅさんが答えやすくなるのではと考えた。また，つらいエピソードだけではなく，楽しいエピソードも想起することで，連鎖的に他のエピソードも想起しやすくなると思われる。

　一方で，カウンセラーからの質問が，Ｅさんの負担になってしまう可能性も否めない。カウンセラーからは，「Ｅさんのペースで進めてほしい」「しんどかったら遠慮せずに伝えてほしい」などと，あらかじめ伝えておくと，実際にそのような状況になったときに，カウンセラーにヘルプサインが出しやすくなると考える。

　Ｅさんの返信の終盤部分には，「テキストカウンセリングなら，顔も名前も出さずにすみますし，先生から聞かれたことについてゆっくり時間を取って考えられるのではと思っています」と記述されている。この部分には，今後のカウンセリングに対するＥさんの「要望」が，書かれていると捉えることができる。Ｅさんにとって答えを即座に求められるような状況は，彼女との喧嘩の場面と類似した状況となることが想像できる。そのため，今後のカウンセリングでは，時間をかけながら，一つひとつ丁寧にやり取りをしていくことがポイントになる。返信文の「心の声に耳を傾ける」という箇所は，明確に「言語化されている感情」は，たくさんある感情のごく一部分だけであり，心の中に潜んでいる「感情」をＥさんと一緒に探したい，という意図を込めて書いた。

　また，テキストカウンセリングは，コミュニケーションが文字情報にのみに限定されるため，すれ違いが生じることをあらかじめ前提として念頭に置いておくことが重要である。それゆえ，カウンセリングを進めていく過程で実際に認識のズレが出てきたときに，クライエントが躊躇せずにカウンセラーに「違和感」を伝えられるような雰囲気作りをしておくことも，大切なポイントである。Ｅさんにとって，テキストカウンセリングの場が，考えたことや感じたことをなんでも安心して表現できる場として存在することが，Ｅさんの問題を整理するための土台になると考える。さらに，問題を解決していく過程のなかで，クライエントとカウンセラーが共に協力し合うという協同作業は，対面カウンセリング同様にテキストカウンセリングでも効果的

であると考える。このような想いを込めて，「解決の糸口を一緒に探していけたら」と最後に加える形とした。

　Eさんは，うまくコミュニケーションが取れない状況のなかで，かなりのストレスを抱えているものと予測できる。今回の返信文には身体的な不調などの記載はなかったが，この点についても初期の段階で確認しておくことが好ましい。Eさんの場合は，感情には気づき難い傾向があるが，身体的な感覚は察知しやすい可能性もあるため，身体的な部分についての質問も合わせて投げかけた。仮に身体的な感覚が優位であるとしたら，今後のカウンセリングでは身体感覚に焦点を当てたアプローチも視野に入れることができる。カウンセリングを進めるにあたり，クライエントにかかる心理的負荷を可能な限り小さくできるよう，アプローチの順序建てを工夫することは重要な点である。身体的な感覚のほうが優位だとしたら，まずは「身体感覚」に焦点を当てたカウンセリングを行い，クライエントの心身の状態を観察しながら，段階的に「感情面」へのアプローチへとシフトしていく必要がある。

Column　ビジネスの文章とプライベートな文章
——親密性と冗長性

[杉原保史]

　メールカウンセリングは，カウンセラーの職業的で専門的な実践である。カウンセラーがクライエントに宛てて書くメールは，仕事上のメールであり，決してプライベートなメールではない。その一方で，メールカウンセリングはビジネスライクな情報のやり取りではなく，他の誰にも話さないような，極めてパーソナルな心の内容を扱うものであり，カウンセラーとクライエントが，互いに心を開いて，思いを伝え合うものである。その意味で，メールカウンセリングのメールは，ビジネスメールとは対極的なものでさえある。

　それゆえ，ある意味では，メールカウンセリングの文章は親密なものであ

る。とはいえ，カウンセラーはクライエントと友だちになるわけでも，恋人になるわけでもない。相手の気持ちを思い，相手をケアし，心を開いて，誠実に，率直にやり取りするが，同時に職業的な専門家としての姿勢を維持することが必要である。カウンセリングのコミュニケーションにはパーソナルな面と職業的な面とがあり，それを両立させることが必要なのである。

　このことは，メールの文章の冗長度とも関連する。辞書によれば冗長とは，「くだくだしく長いこと」である。一般にビジネスのメールでは，要点を押さえて簡潔に記述することがよしとされ，冗長であることは避けるべきと考えられている。もちろんメールカウンセリングはビジネスのメールではない。カウンセリングは人の悩みという複雑なものを扱うものであり，論理的な内容を伝えるだけではなく，感情のやり取りでもある。それゆえ，冗長であることは，必ずしも悪いことではない。

　ビジネスのメールでは，季節の挨拶や，体調を気遣う言葉かけは，書かれるとしても非常に形式的で定型的であることが普通である。メールカウンセリングではやや冗長になっても，ここを丁寧にすることが多い。

　情緒的なニュアンスを細やかに表現するために，しばしば，ビジネスメールではあまり用いられないようなさまざまな文章上の工夫が用いられる。たとえば，比喩やたとえ話を使う。同じような表現を何度も繰り返して強調する。きつく決めつけるような言い方にならないよう，断定を避け，やや曖昧な表現を用いる。形容詞や副詞を多用する。こうした表現は，文章の冗長度を上げるだろう。

　しかし，クライエントのなかには，こうしたウェットで冗長な文章を嫌う人もいることに注意する必要がある。たとえば「共感してほしいわけじゃないんです。そういうのは不要ですから，専門家の視点からどうすればいいのかを端的に教えてください」というように言ってくる人がいる。相手の文章から，そのような好みが見てとれるときには，冗長度の低い文章を返した方がうまくいくだろう。

Case F

家に縛られた人生

[杉原保史]

クライエント概要：Fさん（20代男性），会社員
状況：カウンセリングを開始して初めて送られてきたメール

 相談メール

先生，はじめまして。
このたびカウンセリングを申し込みましたFと申します。
これまでの28年間を振り返ってみると，あらためて自分の人生には勉強以外に何も頑張ったことがないなと寂しくなりました。裕福な家庭に生まれ，衣食住に何の心配もなく，学費に困ることもなかったことについては親に感謝していますが，何か自分で選んだり，やってみようと決めて行動した経験がありません。

大学の合格や今の印刷会社の内定を勝ち取ったときは，達成感というよりも「もう頑張らなくてもいいんだ」というような解放感がありました。幼いころから母や父，祖父母や親戚に何度も何度も「もっと頑張らんか」「お前がしっかりしないとこの家はお前の代で潰れる」などとプレッシャーをかけられてきました。母は怒鳴ることは一切しませんでしたが，僕たち子どもが思うようにならないと途端に不機嫌になり何日も口をきいてもらえないことがしょっちゅうありました。
小学校のとき，妹と僕は，あと何分で次の習い事だとかそれが終わった

ら塾に行かなくちゃといつも家の時計を見ていたのを思い出します。あの頃は，母が言うように「苦しいけど今頑張ったら後で笑える人生がやってくる」と本気で信じていました。お恥ずかしい話ですが，母は経済的に困窮している人々を見下げていて，その方たちは本気で頑張らなかったから今そうなっているんだ，自業自得だなどと事あるごとに僕たちに言っていました。

でも今，あれだけ頑張った僕には何もありません。
一緒に笑ってくれる大切な人も，離れていきました。

会社では課長補佐として，版の管理や工場との折衝・緊急の事故（印刷の不具合）対応をまかされています。印刷機は休まず動き続けていますので，何かミスやトラブルがあった場合は夜間でも即時対応しなければならず，週に二度だけ契約社員さんに夜間対応をお願いして，あとは僕が工場直通のスマホを握りしめて指示を出しています。

ここ数週間は特に忙しい日々が続いており，来月で29歳の誕生日を迎えますが，こんな生活がいつまで続くんだろうと暗澹たる気持ちになりました。
そんななか，実家の母から留守電があって，良い女性を紹介してもらえそうなので一度会ってみてはどうかという内容が入っていました。
興奮気味に，一方的にしゃべり続ける母の声を聞いて，せっかく逃げ出したのに，このままではまた家や母に縛りつけられると怖くなりました。誰にも相談できず，インターネットでカウンセリングを検索して，こちらを見つけたので申し込ませていただきました。

急に突拍子もない事を書いてしまって驚かれないかと不安ですが，僕は幼いころからずっと考古学に興味がありました。受験した大学は考古学部が有名な所でしたので，別の日程で受けるだけ受けさせてほしいと親

に頼みましたが，受け入れられませんでした。反対を押し切れるわけも
なく，親の決めた商学部を受験し合格しました。今でも『ナショナルジ
オグラフィック』やYouTubeなどで海外の遺跡の特集を見ると，胸の
底から何ともいえない強く熱い気持ちが湧き上がってきます。
いっそ今の職場を辞めて（貯金だけはたくさんあるんです），世界中の
古代遺跡を巡りながらさまざまな人々の暮らしを見て回りたいです。

ただ現実問題として，会社を休んだり，思い切って辞めて海外旅行に出
るなんてあまりにも非現実的ですし，そんなことが知られたら実家から
の干渉がさらに激しくなると思うと何もできなくなってしまいます。そ
して母が繰り返し言っていた言葉どおり，職を失えば私も人生に失敗し
た落伍者（この表現が人としてダメなことは充分わかっていますが）に
なってしまうのではと恐ろしくなります。とりとめのない幼稚なことば
かり書いてしまいました。何かお返事がいただけると幸いです。

クライエントへの返信メール

F さん

今回はご相談いただき，ありがとうございます。こうしてあらためてこ
れまでの人生を振り返り，また今の心もようを振り返るのは，エネル
ギーが要ることだったのではないかと思います。

経済的には苦労のない生活ではあっても，ご両親，お祖父さん，お祖母
さん，ご親戚からの干渉がかなり強く，のびのびと子どもらしく過ごす
ことができなかった子ども時代だったのですね。親をはじめ周りの大人
からのプレッシャーが強く，自由に自分の夢を追求したり，やりたいこ
とに取り組んだりすることが許されないまま，気がついたらもう大人に
なってしまったという感じでしょうか。

Fさんの育ってきた家庭環境はかなり理不尽なもので，周りの大人に振り回され，子どもの権利が剥奪されてきた面があると思いました。メールを拝読していて，Fさんの悔しい思いが伝わってきます。Fさんの子ども時代には，大人の考えに従うことを当然とみなす養育環境で，何かを自分で選んだり，自分でやってみようと決めて行動する機会が与えられなかったのですね。

現在の職場環境もかなり厳しいようです。夜間の即時対応もあるとなると，オンとオフの切り替えが難しくなりますし，Fさんがゆっくり休むことができているのか心配になります。

大切な人も離れていったとのこと。最近の生活でも重大な喪失があったのですね。

これらを踏まえると，Fさんは今，かなりストレスフルな状況に置かれていると思います。そのなかで，こうしてカウンセリングを自ら探して相談されたことに，Fさんの強さを感じます。Fさんは，今，自分にはセルフケアが必要だと適切に理解されていて，その理解に基づいて実際に行動されたのですから。そのことにあらためて敬意を表したいと思います。

子ども時代，ずっと我慢して周りの大人の要求に応えてきたのに，報われない。騙されたという悔しい思いにもなりますね。そうやって失われてしまった子ども時代を思うと，悲しい気持ちにもなることでしょう。そんなFさんが，今からでも夢を追求して自由に生きてみたいと思うことは，とても理解できることですし，健康的なことだと思います。Fさんの心の中に，踏まれても踏まれても逞しい生命力で伸びてくる雑草のように，幼い頃からの考古学への憧れが生き延びてきたことには感動を覚えます。私としては，Fさんがどんな形であれ，その思いを大事にし

て，実現していけたらと，応援したい気持ちになります。

Fさんのなかには，その思いにワクワクするような憧れがあると同時に，そんなことをしていいのかと不安な気持ちもあって，葛藤されているのですね。

この葛藤に取り組み，考古学への憧れをどのように実現していけるかを検討することが，このカウンセリングでこれから取り組んでいく主要な課題になるのだろうと思うのですが，いかがでしょうか？

この課題に取り組み，どうやって考古学の関心を追求していこうかと考え始めると，どうしても今の働き方，会社との付き合い方などについても考えることになってきます。仕事を休んで海外に旅行に出たりすることを考えると「仕事の手を緩めると人生の落伍者になってしまうのでは」という不安が湧いてきて，足がすくんでしまうようですね。その不安がそんなに強くなってしまう背景には，「経済的に困窮するのは自業自得だ」「経済的に困窮したら人生は破滅だ」といった不安をあおる親由来の考えが働いているように思えます。このカウンセリングでは，不安の背後に働いているであろうこうした考えをじっくり見つめ，あらためて検討してみることができるといいのかなと思います。

以上，いただいたメールを読んで，今後のカウンセリングの進め方について，私のほうで考えたことを書いてみました。勝手な想像が入っているところがあるかもしれません。間違って捉えていることや，Fさんの思いからずれているところがあれば，遠慮なくお伝えください。

それでは，お体に気をつけてお過ごしください。
お返事をお待ちしています。

返信メールの解説

(1) 見立て

　クライエントは20代の会社員の男性，Ｆさんである。裕福な家庭に生まれ，経済的な苦労は経験せずに，大学を卒業して就職している。しかし，メールの内容からはクライエントの養育環境にかなりの問題があったことがうかがわれる。裕福な家庭の跡継ぎとして，親や親戚から学業面での高いパフォーマンスを求められ，塾や習い事へと駆り立てられてきた。そこでは本人の希望や意思は顧みられることがなかった。教育虐待とも言えるマルトリートメントを受けて育っている。

　特に母親からの支配についての記述が目立つ。母親は子どもをコントロールするために愛情を操作的に用いていたようである。母親が子どもをそこまでコントロールしようとする背景には，優秀でなければ厳しい人生の競争に敗北し，貧しく，破滅的な人生になるという不安にまみれた考えがあるようにも見える。

　こうした不安な考えは，不適切な愛着と養育を通して子どもであるＦさんに伝達されている。Ｆさんに取り入れられたこうした考えは，ヨソモノ自己を形成し，Ｆさんを心の内側から脅かし，不安にさせている。

　クライエントは，そうした不遇な子ども時代を振り返り，のびのびとした自由な時間を奪われてきたことを悔しく感じている。親や親戚への恨みや怒りも感じられる。加えて，大人からのプレッシャーに必死に応える子ども時代をなんとか生き延びたものの，現在の生活も苦しく，子ども時代の苦労が報われていないと感じている。

　ただ，クライエントはこうした家からの支配を逃れようと努力し，大学進学と就職によって実家から離れることができている。経済的にも自立し，自由にできる貯金もたくさんある。さらに，クライエントは考古学に対する興味という，幼い頃からの純粋な興味を今もなお生き生きと持ち続けている。親からの支持は得られなくても，クライエントがその興味を持ち続けられた

ことは，クライエントの大きな強みであると言えるだろう。

　現在の生活状況に目を向けると，職場の環境もかなりストレスフルである。工場にトラブルなどがあれば，夜間でも即時対応を求められる状況が恒常的になっているようであり，過重な負担となっていないか気がかりなところである。さらにまた，詳しくは語られていないが，最近，重要な人間関係の喪失があったことが示唆されている。クライエントは苦しい思いを抱えながら，ひとりぼっちであると感じている。

(2) 返信の文面作成におけるカウンセラーの考え

　初回のメール返信では，受け取ったメールから得られた見立てを，受容的で肯定的なメッセージとともに伝えることが重要課題となる。それによって，初期の情緒的な絆を形成するとともに，その見立てから合理的に導かれる目標や取り組みを提案する。

　返信文面は，クライエントの負担を考え，あまり長くなりすぎないよう2,000字ぐらいには収めたいので，一度の返信に以上のような作業すべてを丁寧に盛り込むことは難しい場合もある。その場合，優先順位をつけて，優先度の高い課題に重点を置いた返信を作成することになる。対面のカウンセリングよりも一度にやり取りできる情報量が圧倒的に少ないため，そういうやり方も止むを得ない。

　以下，このケースにおけるこれらの課題への取り組みを，返信メールの流れに沿って説明する。

①情緒的な絆の形成を促進する

　初回の返信では情緒的な絆の形成は特に重要である。クライエントは初対面のカウンセラーが自分のメールをどのように受け取ったのだろうかと，期待と不安とを抱いて待っている。多くの場合，クライエントは，変な奴だと思われたのではないか，つまらない悩みだと思われたのではないか，些細な悩みを大袈裟に訴えていると思われたのではないか，などとかなり不安になっているものである。こうした不安に配慮する必要がある。メールの文面

からクライエントの心情を推し量り，労い，承認，ヴァリデーション，ノーマライゼーションなどの言葉をかけ，こうした不安が打ち消されるよう，積極的に支持的に働きかける。

　Ｆさんは，現在の環境や出来事に関する悩みを説明することではなく，29歳の誕生日を前に，28年間の人生を振り返ることからメールを始めている。Ｆさんの悩みはこれまでの人生全体に関わる重いものである。そのことを受けて，返信メールは，人生を振り返る作業の労力を思い，それを労うことから始めている。

　その後，Ｆさんの語りにあった養育環境の問題を要約しながら，そこでのＦさんの体験を共感的に推測して表現している。ここでは主に，子どもらしくのびのびと過ごす時間が奪われてきたことへの悔しさに焦点を当てている。この悔しさは，子どもらしくのびのび過ごす時間を取り戻したいという欲求と結びついたものである。これはＦさんのメールから強く伝わってくる，健康で成長的な動機である。

②現在の状況的なストレスの要約

　クライエントはメールにおいて，養育環境上の問題と，それに由来する現在の苦しい思いを語っている。これらは過去の重要な他者との関係の問題である。それに加えて，クライエントは現在の職場環境の問題についても語っている。また最近，大事な人との別れを経験したことにも触れている。返信の次の部分では，これらの現在の状況的なストレスについて，簡単に要約している。

　返信メールのここまでの部分は，カウンセラーが，クライエントからのメールに書かれていたクライエントの苦悩を，しっかり受けとめたことを伝える部分である。もちろんここまでの部分でも，クライエントの苦悩の内容をただ要約するだけではなく，そこに共感や承認を伝えるカウンセラーのリアクションを挟んでいる。しかしなお，基本的には，クライエントの苦悩の内容をカウンセラーはこのように理解して受けとめましたよ，と伝えることがここまでの文章の主な目的となっている。

　ここからは，以上を踏まえてのカウンセラーからのリアクションを積極的に伝え，クライエントに働きかけていく。

③相談を求めた強さを承認する

　まず，こうしたストレスフルな状況のなかで自ら支援を求めたことを，クライエントの強さ，健康さとして，力強く承認する反応を返している。このようにクライエントの強さを積極的に承認することは，初期の情緒的な絆の形成のために，とても重要なものである。

　クライエントは，何らかの悩みに圧倒され，自分は無力であると感じていたり，恥ずかしい存在だと感じていたりすることが多い。たとえ小さなことでも，クライエントの強さを見出して力強く承認することは，こうした萎縮的な対自己感情に対抗し，カウンセラーが味方であることを伝えるものである。

④クライエントの欲求を肯定し，目標と取り組みの共同決定する

　Ｆさんの周りの大人たちは，Ｆさんが経済的により低い階層に落ちることを恐れ，Ｆさんに経済的に成功することを強く求めてきた。周囲の大人たちは，Ｆさんの内発的な興味・関心を追求することを許さず，経済的地位の競争で負けないよう，いわゆる受験勉強に駆り立ててきたのであろう。Ｆさんはそうした養育環境に適応し，そうした種類の勉強を頑張ってきた。子ども時代に我慢して努力すれば，将来は笑顔で暮らせるという母親の言葉を信じて頑張ってきたのである。しかし，大人になった今，その努力が報われたとは，とうてい感じられず，こうした生き方を強いられてきたことへの怒りや嘆きが強まっている。

　そのようななかで，子ども時代からやりたかったができずにきたことを，今からでもやってみたいという欲求，つまり考古学への興味を追求したいという欲求が沸き起こってきたという。そして，クライエントはこの欲求を生き生きと表現しながらも，「突拍子もないこと」と見られるのではと恐れ，「非現実的」という言葉で形容し，この欲求を満たすことと「人生の落伍者に

なるのでは」という不安との結びつきを語っている。

　クライエントは，子ども時代から抱いてきた内発的な興味・関心を追求したいという強い欲求を感じながら，他方でそれを追求することをいろいろな意味で恐れている。この欲求に関して葛藤しており，身動きが取れずにいる。そこには，返信メールの前半部分でまとめてきたクライエントの生い立ちが色濃く関わっている。Ｆさんの生い立ちにおいては，経済的な地位の競争に直接的に役立たない興味・関心は支持されなかった。その環境では，そんな興味・関心を追求していたら，人生の落伍者になってしまうという不安が支配的であった。その結果，Ｆさん自身に，こうした親の不安が内面化されてしまい，こうした欲求をのびのびと追求できなくなっている。

　カウンセラーはここでＦさんの考古学への興味・関心を健康なもの，子ども時代に踏みつけにされてきた正当な権利の遅ればせの行使として意味づけ，その追求を後押ししている。また，どれだけ踏みつけにされてもこうした欲求が逞しく生き延びてきたことを，雑草のたとえを用いて描き出し，ここでもＦさんの強さを浮き彫りにしている。

　そのうえで，カウンセラーは，カウンセリングで取り組む課題を，この葛藤に取り組んで，不安を乗り越え，考古学への興味・関心を追求する道筋を見出すこととして提示し，Ｆさんの意見を求めている。初期の段階で，カウンセリングの目標と，その目標に至るために面接で取り組む作業について共同決定することが大事である。ここでカウンセラーがしているのはそういうことである。

⑤クロージング

　メールカウンセリングでは，対面やメールやチャットのカウンセリングのように，リアルタイムで相手の反応を見ることができない。それゆえ，カウンセラーは思い違いや読み違えに基づいて延々と文章を書き重ねているかもしれない。特に初回の返信では，そうしたことがありうることをこちらから知らせ，その場合には遠慮なく指摘してもらえるよう，お願いしておく。

　そして，相手の健康を気遣う挨拶でメールを締めくくっている。

あとがき

　本書の構想は，2020年に株式会社 cotree が主催する研修会に，編者の一人である杉原保史さんをお迎えしたことから始まりました。当初の目的はcotree に所属するカウンセラーたちの研鑽を深めることでしたが，研修会には外部からの参加者も多く集まり，結果としてテキストカウンセリングの可能性や魅力を多くの人に伝えることができました。参加者が多く集まることは喜ばしいことではありましたが，一方でそのことは，テキストカウンセリングについて学ぶ機会が少なく，文字を通した臨床実践の足場となるような書籍が乏しい状況の裏返しのように思えました。そんな現状を変えていき，テキストカウンセリングの知識と実践への道筋を多くの臨床関係者に提供していきたいという思いは，本書を構想するうえでの重要な前提となっています。

　テキストによる支援はしばしば，その限界ばかりが強調されてきました。文字だけでは伝わらないことがある，対面やビデオ通話カウンセリングのような，声や視覚を通した支援のほうが優れている。そんな意見はいまだに珍しくはありません。もちろん，文字には不得手なことがあります。Chapter 1で詳しく論じられている「声ことば」と「文字ことば」の特性の違いからも分かるように，文字表現は，微細な感情やニュアンスを伝えるコミュニケーションが得意ではありません。しかし，そういった不得意にばかり注目していると，テキストカウンセリングの可能性は理解できないでしょう。本書の理論編ではテキストカウンセリングの苦手なところを補うためのテクニックがふんだんにまとめられています。それらのテクニックはどれもがテキストカウンセリングの可能性を広げていくための重要な手がかりであり，同時に文字の弱みを強みに変えていくヒントでもあります。

　事例編では，現場の実際の様子を描きながら，そういったテクニックの具体的な使い方を紹介しています。本書で紹介するケースはすべて架空のものですが，それらは実際の臨床から得られたさまざまな要素を結集して作られています。ケースを担当した著者らは，株式会社 cotree でテキストカウンセリングを担当してきた経験豊富なメンバーによって構成されており，テキストによる臨床の第一線で活躍している方々です。各ケースは，普段なかなか見ることのできないカウンセリングの現場を，ありのままに描き出すことを重視して作成されました。

　ありのままを描いたということからも分かるように，本書で提示した臨床実践の例は"教科書"や"模範"を目指したものではありません。6つのケースで提示される実践は，あくまで選択肢の一例であり，読者が新たな視点を持つための"提案"なのです。本書に掲載されたケースは，お読みいただいた皆様自身が「自分ならどう返信するのか？」と考えるきっかけとなるはずです。ぜひ，本書をトレーニングの道具として利用していただきたく思います。自分なりの返信を思案しながら現場の格闘を追体験することで，本書の価値を最大限に引き出すことができるはずです。

　本書をお読みいただいたうえで，改めて強調したいことがあります。それは，決して本書が声や視覚を通じたカウンセリングとテキストカウンセリングを，二項対立で捉えてはいないということです。どちらが優れているかを競い合うようなことは，本書の意図ではありません。音声や視覚を用いたカウンセリングに優れた点があることに，異論の余地はありません。本書の目指すことは，あくまでテキストによる支援を求める人に何ができるかを提示することです。

　cotree は，2014年にビデオ通話カウンセリングの提供を開始した当初から，テキストカウンセリングによる支援の提供を検討していました。創業初期から2つのカウンセリングの方法をあえて提供しているのは，ビデオ通話とテキストの双方にそれぞれの持ち味があり，クライエントの選択肢を広げることが，支援において重要なことだと感じているからにほかなりません。

　それぞれのカウンセラーが得意とするアプローチや心理療法があるとしても，支援の方法を決める過程において，クライエント自身の考えが十分に尊重され，考慮されるべきだということを忘れないようにしたいものです。カウンセラーが望んでも望んでいなくても，クライエントがテキストによる支援を望むのなら，私たちはそれに応えていく必要があります。テキストでしか関わりが持てないクライエントがいるならば，テキストだからこそできる支援のかたちを提示する必要があります。本書で論じてきたテキストカウンセリングの技法やクライエントとの向き合い方を通じて，藁にもすがる思いでカウンセラーにメールを送るクライエントにどう向き合っていくのか，手がかりを摑むことができたのではないでしょうか。同時に，テキストで支援を求める人々に対して何ができるかについての見識も深まったことでしょう。

　本書を通じてテキストカウンセリングについて学び，理解を深めたことで，読者の皆様のなかに新たな視点やアイデアが生まれ，それが実践の場で役立つことを心から願っています。メールや SNS を用いたカウンセリングに限らず，新しい技術が登場し，またそれが進化していくことのなかには，我々が人間の心理をより深く理解し，援助する方法を変えていくための可能性が秘められています。そして，その変化を進めるためには，学び続けることが重要です。

　これからもテキストカウンセリングの分野がどのように進化していくのか，共に見守り，学び続けていきましょう。ひとりでも多くのクライエントに必要な支援が行き届くよう，個人としても会社としてもサポートをしていきます。

　最後に，誠信書房の中澤美穂さんには，本書の企画から刊行に至るまで，大いにお世話になりました。ここに感謝を申し上げます。

　　　2023年 6 月25日

　　　　　　　　　　　　　　　　　　　　　　　　　　　原田　陸

■編者紹介

杉原保史（すぎはら　やすし）

現　在　京都大学学生総合支援機構教授，教育学博士，公認心理師，臨床心理士

主著書　『プロカウンセラーの共感の技術』創元社 2015年，『キャリアコンサルタントのためのカウンセリング入門』北大路書房 2016年，『ポール・ワクテルの心理療法講義』（監訳）金剛出版 2016年，『心理カウンセラーと考えるハラスメントの予防と相談』北大路書房 2017年，『SNS カウンセリング入門』（共著），北大路書房 2018年，『統合的心理療法と関係精神分析の接点──循環的心理力動論と文脈的自己』（監訳）金剛出版 2019年，『SNS カウンセリング・ハンドブック』（共編者）誠信書房　2019年，『SNS カウンセリング・ケースブック』（監修）誠信書房　2020年，『SNS カウンセリングの実務』（監修）日本能率協会マネジメントセンター　2021年，『心理療法統合ハンドブック』（共編）誠信書房　2021年，『SNS カウンセリング・トレーニングブック』（共編著）誠信書房　2022年　ほか

原田　陸（はらだ　りく）

現　在　株式会社 cotree プラットフォーム事業部リーダー

長村明子（ながむら　あきこ）

現　在　大阪産業大学学生相談室心理カウンセラー，公認心理師

■著者紹介（五十音順，所属等は初版執筆時現在）

磯貝麻由（いそがい　まゆ）
カウンセリングオフィスティール代表，産業カウンセラー，キャリアコンサルタント

辻田奈保子（つじた　なおこ）
株式会社 cotree 登録カウンセラー，公認心理師，臨床発達心理士

野口多香子（のぐち　たかこ）
株式会社 cotree 登録カウンセラー，臨床心理士，公認心理師

本田山郁子（ほんだやま　いくこ）
さわらぎ心理オフィス代表，臨床心理士，公認心理師

門田竜乃輔（もんでん　りゅうのすけ）
特定医療法人さっぽろ悠心の郷ときわ病院心理担当，臨床心理士，公認心理師

テキストカウンセリング入門
——文字のやり取りによる心理支援

2023 年 8 月 30 日	第 1 刷発行
2024 年 4 月 5 日	第 2 刷発行

編　　者	杉　原　保　史
	原　田　　　陸
	長　村　明　子
発 行 者	柴　田　敏　樹
印 刷 者	田　中　雅　博

発行所　株式会社　**誠 信 書 房**

〠 112-0012　東京都文京区大塚 3-20-6
電話 03（3946）5666
https://www.seishinshobo.co.jp/

印刷／製本：創栄図書印刷㈱

SNSカウンセリング・
ハンドブック

杉原保史・宮田智基 編著

SNS相談実績のある執筆陣がSNSカウンセリングに必要な知識・技法を紹介。需要がますます増える相談員の研修に最適なテキスト。

A5判並製　定価(本体2600円＋税)

SNSカウンセリング・
ケースブック
事例で学ぶ支援の方法

杉原保史 監修
宮田智基・畑中千紘・樋口隆弘 編著

SNSカウンセリングでの相談内容や対話の展開、支援の実際が、豊富な"逐語録"と解説で体感できる。相談員のトレーニングに最適。

A5判並製　定価(本体2700円＋税)

SNSカウンセリング・
トレーニングブック

**杉原保史・宮田智基・畑中千紘・
樋口隆弘・鈴木優佳 編著**

SNSカウンセラーのスキルアップに最適の
ワークを厳選。SNS画面に似せて示した事例
や応答技法エクササイズで模擬訓練ができる。

A5判並製　定価(本体2700円＋税)

遠隔心理支援
スキルガイド
どこへでもつながる援助

前田正治・桃井真帆・竹林由武 編著

電話やインターネットを用いた遠隔心理支援の
ガイドライン、各種実践方法を示した入門書。
物理的距離を超えた新たな支援方法を紹介。

A5判並製　定価(本体2000円＋税)

Q＆Aで学ぶ
カウンセラー・研修
講師のための法律
著作権、契約トラブル、クレーム
への対処法

鳥飼康二 著

カウンセラーや研修講師が遭遇しやすい法律問題を、弁護士であり産業カウンセラーの著者が分かりやすく解説。PowerPoint のスライドに関わる著作権や、契約締結時に注意すべきこと、クレームへの法的責任など、よくある疑問 40個に答える。各種研修での著作物の取り扱い方など、教育機関や企業の人事総務担当の方も必読の内容となっている。

A5判並製　定価(本体1800円+税)

対話で学ぶ
対人援助職のための
個人情報保護法

鳥飼康二 著

弁護士・産業カウンセラーの著者による3作目。研修会で好評を博している講義が、待望の書籍となって登場。改正個人情報保護法の中でも援助職に必須の条項を取り上げ、コミカルなシナリオ仕立てで解説。巻末には契約書等のサンプルも掲載。

A5判並製　定価(本体1800円+税)